十大仓位
高手方法集

赵信◎编

经济管理出版社

ECONOMY & MANAGEMENT PUBLISHING HOUSE

图书在版编目（CIP）数据

十大仓位高手方法集/赵信编. —北京：经济管理出版社，2020.6（2024.6重印）
ISBN 978-7-5096-7145-0

Ⅰ.①十… Ⅱ.①赵… Ⅲ.①股票交易—基本知识 Ⅳ.①F830.91

中国版本图书馆 CIP 数据核字（2020）第 093467 号

组稿编辑：勇　生
责任编辑：王　聪
责任印制：任爱清
责任校对：王淑卿

出版发行：经济管理出版社
　　　　　（北京市海淀区北蜂窝 8 号中雅大厦 A 座 11 层　100038）
网　　址：www. E-mp. com. cn
电　　话：(010) 51915602
印　　刷：北京晨旭印刷厂
经　　销：新华书店
开　　本：720mm×1000mm/16
印　　张：14.25
字　　数：190 千字
版　　次：2020 年 9 月第 1 版　2024 年 6 月第 3 次印刷
书　　号：ISBN 978-7-5096-7145-0
定　　价：48.00 元

赢家控仓法则

做行情不是看对错次数，而在于你对的时候赚多少钱，错的时候又赔了多少钱，所以在盈利的时候怎么把这个仓位放大，亏损的时候尽量让仓位减少。

——乔治·索罗斯

必须控制好自己的交易，管理好自己的资金。在买入股票时必须分几次购买，并且每次仅仅购买一定的比例。假如我在某种情况下买入一只我看好的股票，然而它并未按我所希望的那样表现，对我而言，这就是抛售这只股票的有力证据；假如这只股票后来上扬了，我也不会责怪自己，也没有任何什么痛苦的想法。后来我在实际操作中提出了自己的理论，这一理论是强调资金占有时间在股市操作中的重要作用。

——杰西·利弗摩尔

成功的交易者跟绝大多数可怜的交易者不同——他们在客观的技术指标证实新的趋势确实出现后才上牛——而且一直待在车上。待多久？要多久才算久？这个问题问得好。答案是：只要趋势继续对自己有利，在交易系统未发出平仓信号之前，系统交易者都必须持有仓位，不管是几周、几月还是几年！

——斯坦利·克罗

在你学会应用合理的资金管理之前，你只是一个微不足道的投机客，你永远都抓不住期货交易的魔戒，一会儿在这里赚钱，一会儿又在那里赔钱，永远都不会赚到钱。只有你完全掌握了资金管理的技巧之后，你才能够成为真正的大赢家，建立起巨大的财富。

——安德烈·布殊

第一，我会力争将每笔交易的风险控制在投资组合价值的1%之下。第二，我会研究每笔交易的相关性，进一步降低风险。我每天都会做出电脑分析，并了解持有部位的相关性。随着经验的积累，我了解到在持有部位相关性方面所犯的错误，可能会造成重大的交易危机。如果你持有8项相关性很高的部位，这无异于进行一笔规模与风险是原先8倍大的交易。

——理查·丹尼斯

当你交易不顺时减仓；当你交易顺利时加仓。永远不要在无法控制的情形中交易。例如，我就不会在重要财报公布之前重仓一只股票，因为这不是交易，是赌博。

——保罗·琼斯

首先，你要有一套有效的价格预测系统，更重要的是良好的资金管理和风险控制机制。用"分散"而"持久"的眼光对待交易，在投机市场上长期占有概率优势，而不是孤注一掷，这就是金融交易的全部。

——莱利·海特

最重要的原则就是资金管理、资金管理，最后还是资金管理。

——马丁·舒华兹

每当我进场时，总会预先设定停损价格。这是唯一可以使我安心睡觉的方法。这也就是说，在进场之前，我就已经知道自己该在什么时候出场，不过我总是把停损点设在技术性关卡以外的价位。

——布鲁斯·柯凡纳

重点是你必须从理性的角度处理风险，而且还要一些想象力。优秀的交易员知道如何与何时承担风险，也清楚如何与何时避开风险。有些风险你必须承担，有些风险你不可以承担。关键在于如何区别这两者。你不需要承担重大的风险，就足以赢取重大的获利。许多交易机会蕴含着可观的获利，但风险并不特别高。研究相关的市场行情与交易对象，或许必须花费大量的时间与精力，但实际投入的资金未必承担太大的风险。

——伯纳德·奥佩蒂特

前言　成功交易靠的是仓位管理

　　大多数交易者向交易大师们请教投资秘诀，以为大师们依靠准确地判断市场方向就能长期在市场中稳定获胜，实际上交易大师们最为密而不传的就是仓位管理的要诀。

　　成功的期货、股票操盘手的成功经验最重要的就是靠仓位管理。

　　在美国的基金界曾经做过这样一个调查：能够长期获胜的基金，最重要的不是什么时候、什么价格买股票，而是你买了多少。也就是投资界的术语："仓位管理。"在市场中交易分为"趋势型"与"盘整型"两套体系，其中趋势型体系按照交易次数一般准确率只有30%左右，这样低的成功率一样都能够在市场中长期获胜，这里最关键的就是仓位控制，美国的理查·丹尼斯、斯坦利·克罗就是典型的趋势交易大师。赌场里，赌客们都是知道庄家赢的概率比他们高，但是赌客也可以使用仓位管理的方法盈利，只要在办理的时候连续加码下注就可以保持盈利，然而有两个限制条件：一是赌场规定下注金额有限，这样就限制加倍下注的使用；二是赌客的本金限制。

　　只有建立适合自己的交易框架与风格，学会仓位管理与风险控制，才是交易者走向成熟的标志之一。

　　仓位控制通常在股市上升趋势中令人很不爽，由于它缩小了收益，从表面看会暂时使总收益落后。然而，它却是一剂行走江湖、居家旅行的必备良药甚至是保命丹。

　　在20世纪90年代中后期的时候，国内交易方面的书籍还很少。以前我在研读交易方面的书籍的时候，曾经不解有的国际大师为什么一直持有不少于20%的固定债券。为什么他不去追求利益最大化？

也就是说，在这个市场，能长期生存，还怕赚不到钱？仓位管理的意义就在于此。

一个流传很广的操作上面的理念叫战略上定大方向，战术上选择点位，战斗中控制仓位。

在10次交易中，即便6次交易你都失败了，但只要把这6次交易的亏损控制在整个交易本金20%的损失内，剩下的4次成功交易，哪怕用3次小赚，去填补整个交易本金20%的亏损，剩下一次大赚，也会让你的收益不低。

你无法控制市场的走向，因此不需要在自己控制不了的形势中浪费精力和情绪。不要担心市场将出现怎样的变化，要担心的是你将采用怎样的对策回应市场的变化。判断对错并不重要，重要的是当你正确的时候，你获得了多大的利润；当你错误时，你能够承受多少亏损。

倘若一个人没有其他经济来源，而且他的全部积蓄有限，例如只有10万元，我相信他的心态必须会受到他在股票上的仓位影响，甚至可以说仓位的多少对他的心态有决定性的影响。

利润与亏损均源于风险，风险并不一定是坏事，它可以给你带来利润。控制住风险就等于避免亏损，我们都有自己的预期，通过各种分析手段来判断走势会怎么走，或是有一个大概率事件会怎么走，不代表它一定会怎么样，因此在做判断的时候，就需要对风险给予足够重视，你那一次能够承受多大风险，就以这种风险去控制仓位。例如，10万元的账户，给自己规定每一次做单亏损额度为账户的5%，最多亏损5000元就要抽掉，不是按照绝对价格去衡量。

从消极的角度来讲，就是为了控制风险总量，特别是控制意外事故。即便是你看对了行情方向，也选了个比较好的建仓点，但市场总免不了出现小概率的意外事故。

因此千万别忽视小概率事件，无论你成功多少次，一次意外事故，就使你10年都白干了。在风险投资领域，眼睛必须牢牢地瞪着那5%的致命意外事故，只有100%确保它不会威胁我们生命时，再放手去搏收益，控制仓位是最基本的控制风险的方法。如果你不会控制仓位，别的做得再好，也没有意义。

从积极的角度来看，控制仓位不仅可以控制风险，而且还可以扩大利润。如果你是做中线，一旦做对了，每攻克一个阻力位，就递减式加仓，可以使你盈利时候的仓位永远大于出错时候的仓位。

以上说明，交易者都应该明白仓位管理在交易市场的重要性是多么大了，就算不懂得分析技术，靠有效的仓位管理一样能在市场中获利。当你还没有学会仓位管理和认识到仓位管理的重要性时，你还只是一个微不足道的交易者，在市场一会儿赚钱，一会儿赔钱，一直总是赚不了大钱，只有当你认识到仓位管理的重要性时和学会仓位管理后，才能体会成为一个市场大赢家的乐趣。下面详细给交易者讲一下仓位管理的秘籍是在哪里？

仓位管理是大多数人都只是定义为风险控制（止损）的概念，其实仓位管理包含"头寸管理"与"风险控制"两部分。留得青山在，不怕没柴烧。留住明天还能生存的实力，比今天获利还重要。仓位管理中，头寸管理包括资金品种的组合、每笔交易资金使用的大小、加码的数量等，这些要素，都会最终影响你整个交易成绩。世界上所有的赌场都限制赌徒下注的最高限额，一是控制赌徒的损失，减少负面影响；二是控制赌场自己的风险，不让赌场由于某一次偶然的运气，大额下注给赌场带来风险。一个好的专业交易者同样也应该限制自己每次的交易金额，你是无法预测下一次的交易究竟是盈利的还是亏损的。

很多人的观念都是一直在寻找一个高准确率的交易方法和交易体系，然而，假若同样有相同的交易机会因素，体系中最关键的因素是盈利的时候和亏损的时候投资额的大小。一般的交易者都不太理解这个概念，我在最初几年的交易过程中，也想寻找一套成功率高的交易方法、交易体系，除了强调了止损之外，没有注意到头寸管理的重要性。在交易中盈利的次数很多，然而最后看账单，结果是亏损。我在想，要想成功一定要向顶尖的交易大师学习，学习他们的思路、他们的手法，这是最好的、最快的方法。在看交易大师索罗斯的书的时候，看到这样一句话："把握好的本垒打，你做对还不够，你要尽可能多地获取。"还有就是索罗斯接班人、量子基金经理德拉肯·米勒说的："当你一笔交易充满信心时，就要给对方致命一击，做对交易还不够，关键是要尽可能多地获利。"将400美元变魔术奇迹般地变成了两亿多美元的交易大师理查·丹尼斯说："95%的利润来源于5%的交易。"美国期货比赛常胜冠军马丁·舒华兹说："一年的200多个交易日中，200天左右的时间是小亏小盈的，而在其他的50个交易日中获取大盈利，也就是4/5的交易时间打平，1/5的交易时间大盈。"

本书介绍十大控仓高手——乔治·索罗斯、杰西·利弗摩尔、安德烈·布殊、理查·丹尼斯、斯坦利·克罗、保罗·琼斯、茉利·海特、马丁·舒华兹、布鲁斯·柯凡纳、伯纳德·奥佩蒂特控仓的秘诀，希望交易者从这些控仓高手获得有益的启发。

编者QQ：963613995；微信号：qian15201402522。

编　者

目 录

第一章　乔治·索罗斯控仓的秘诀

人物简介

乔治·索罗斯（George Soros）是个金融奇才，曾创造财富增值奇迹的对冲基金经理，从 1973 年的 10 万美元到今天增长到 1 亿美元以上，平均年增长率超过 20%。他是个让很多机构与散户闻风丧胆的投机之神，他似乎具有一种超人的力量左右着世界金融市场，1992 年 9 月著名的英镑战役赢得 20 亿美元的利润，被称为"击垮英格兰银行的人"。1997 年狙击泰铢，掀起亚洲金融风暴，因而被世人称为"金融大鳄""国际狙击手"。历经几次动荡与危机，以自己成功的预测与业绩、独一无二的投资风格著称于世。

成功要点：在市场转折处进出，利用"羊群效应"逆市主动操控市场进行市场投机。

操作风格：短线投资。

操盘哲学：进攻时必须狠，而且必须全力而为；假如事情不如预料时，保命是第一考虑。

控仓名言：投资本身并没有风险，只有失控的投资才有风险。

一、索罗斯"避险式"投资组合

在 20 世纪 90 年代曾成功狙击英镑的金融大鳄索罗斯在英国"脱欧"公投前曾警告若"脱欧"成功英镑将会大幅贬值，这让外界相信他已做空英镑。但是，2016 年 7 月 3 日，其发言人却否认相关说法。但是，索罗斯还是借机获利了。

在英国正式脱欧公投前，6 月 9 日，已经宣布终极退休的索罗斯，打破自己的誓言，再次披挂战袍上阵，并开始指挥进行大规模交易。华尔街日报、彭博、路透等媒体称，索罗斯近期指挥了一系列大规模的看空交易，包括抛售股票和押注金价走强。今年第一季，索罗斯基金管理公司将其在美国股市的投资额减少了 1/3 以上。最终他虽然表明了是操作的做多英镑，但是最终也有所获利。

索罗斯在 Project Syndicate 网站上发表文章称，"英国'脱欧'的后果不见得要比其他国家好，英国经济与英国人民势将在中短期内遭受痛苦。由于噩梦成真，欧盟解体在事实上已不可逆转。英国将开始就在政治与经济上脱离欧洲，而与欧盟进行漫长而复杂的谈判，全球金融市场很可能将保持动荡。"

来重新回顾他的这一次布局：

首先，作为首当其冲要考虑的英镑，作为短期投资来考虑。

回顾索罗斯过往的战绩，他的拿手好戏就是"宏观对冲"，即对准有国家风险的资产，战场在国债和货币市场，乘着宏观大趋势出手，赌的是国家的命运，而不是具体的投资工具。

他曾经在 1992 年的英镑狙击战中击败英国央行，从英镑空头交易中获利 10 亿美元，一时间声名大噪。当时，索罗斯笃定英国将被迫让英镑贬值并退出欧洲汇率体系。

在这一次公投之前，他对于脱欧并不看好，也多次表达出脱欧对于英国及欧洲经济的冲击以及全球汇市的影响，也许正因如此，他对英镑做了多。

其次，至于股票市场，其透明度高，减持多少人人皆知，很难有什么"秘密部署"；换言之，索罗斯做空股票买黄金并不是什么惊天大动作，只是反映出他对全球风险逼近的警告。

6月9日，外媒爆料索罗斯重出江湖，而当时有几大风险事件未揭晓，"美联储6月议息会议、A股纳入MSCI、英国脱欧"这些都不利于股市气氛。

而无论当时英国"脱欧公投"结果如何，风险事件来临前，股市作为风险资产势必出现恐慌性下跌。

最后，黄金作为最重要的避险货币品种，放在了首位。据他的基金管理公司透露，他们在公投前将持有美国股票的比率较2015年减少约4成，增加对黄金的投资，一减一加。

但是，从索罗斯的公开数据来看，索罗斯基金持有的黄金资产不足5亿美元，距离"大举投资"甚远。

其实退一步想，索罗斯投资黄金也并非仅仅出于避险目的。经过两年的寻底，黄金估值已经非常低了。索罗斯投资黄金应是出于试探性抄底，逐步增仓，而黄金很可能会是索罗斯部署的长期投资。

大鳄终归是大鳄，树大根深，像这样的事件中，只要去合理分配资金去规避单一风险，获利不是难事。

索罗斯认为找到一个市场的非理性峰点不能只局限于一个篮子里，鸡蛋必须放在不同的篮子里较为保险。

任何金融产品都是具有一定风险的。所谓风险是指预期投资收益的不确定性。人们通常会用篮子装鸡蛋的例子以说明分散风险的重要性。假如将鸡蛋放在一个篮子里，万一不小心将这个篮子掉在地上，则所有的鸡蛋很有可能都被摔碎；假如将鸡蛋分散在不同的篮子里，那么一个篮子掉了就不会对其他篮子里的鸡蛋产生影响。资产组合理论证明，证券组合的风险随着组合所包含的证券数量的增加而减少，资产间关联性低的多元化证券组合能够有效地减少个别风险。

索罗斯的量子基金就是运用投资组合策略来分散风险。量子基金既有股票部位，又有利率部位、外汇部位的结构有关。索罗斯把投资进行组合，来进一步回避投资风险的产生。为此索罗斯曾作过生动的描述："若你将一般的投资组合像它的名字所显示的那样，看成是扁平的或是二维空间里的东西，你会非常容易了解这一点。然而我们的投资组合更像建筑物，将我们的股本作为基础，建立一个三度空间的结构，由结构、融资、基本持股的质押价值来支撑。……我们愿意按照三个主轴将资本投资下去：有股票头寸、利率头寸和外汇头寸。……不同的部位相互强化，创造出这个由风险与获利机会组成的立体结构。一般需要两天的时间，一个上升日和一个下降日，就能够让我们的基金高速膨胀。"

索罗斯投资的一个基本策略就是把量子基金净值的资本投资于股票市场，而把融资的部分投资于像股票指数期货、债券以及外汇等金融商品上。这种安排是根据股票的流动性相对于金融商品来说较小，所以把部分的净值资本投资于股票上，万一需要追缴保证金时也能够从容应付。

索罗斯在投资过程中，只要对增加自己投资组合的价值有利，他会果断地处理掉已投资对象，像这样的例子非常多。简单地说，索罗斯为了追求短期收益，去寻找更安全、高收益的投资，就会毫不留情地把现有的投资处理掉。

索罗斯的分散投资组合策略主要表现在两个方面：一是投机领域很广泛，从外汇到股票、债券、石油、黄金，并且投机区域也不局限于美国，只要哪里有机会就到哪里去；二是每次投机均是一个周全的多重投资组合，综合运用各个金融投资工具。

所以说，在实际的投机活动中，如果投资者可以恰当地选择投资对象，建立合适的证券投资组合，就能够规避风险，去获得很高的收益。但是，必须掌握证券组合投资的原则。主要有以下四点：

一是掌握各类证券的风险特征。债券与股票是证券市场上两大类主要的证券，两者之间差别相当大，股票的风险要比债券风险高得多。而债券当中，政府债券的信用程度是最高的，在证券市场上，国债通常被看作无风险债券，它成了衡量其他各种证券风险的尺度；金融债券的信用程度居中，公司债券的信用程度是最低的。同时，不同偿还期的债券，它们的风险程度也存在明显的不同，长期债券的风险要比短期债券的风险大。在股票投资中，优先股的风险要比普通股低。股票像债券一样除了会受到系统性风险的影响之外，更重要的是受到企业本身特定的非系统性风险的影响，所以，投资者对普通股应该进行个别研究，来衡量其不同的风险水平。对各种不同证券风险特征的了解与掌握，是投资者建立合适的证券投资组合的首要环节。只有了解和熟悉各种证券的风险特征，才能恰当地选择投资对象，建立合理的证券投资组合，防范风险，获得较高收益。

二是按照资金实力进行投资选择。投资者的资金实力是建立证券投资组合的前提条件。从理论上来分析，投资组合中证券种类越多，分散和降低风险的效果越大，然而从客观上来分析，投资组合的建立将受到资金实力的限制。同时，资金实力也制约着投资者的风险承受能力。假如投资者资金实力雄厚，风险承受能力就更强，在建立证券投资组合的时候，能够较多地选择购买各种股票。

三是设定合理的风险与收益目标。建立投资组合是为了分散和降低投资风险，保持较高的收益水平，而风险与收益具有同步增减的关系，所以投资者在建立投资组合之前，必须设计一个适合自身的风险与收益目标。在设计这一目标的时候，既要了解不同证券的风险和收益差别，又要正确估价自身的资金实力与风险承受能力。投资者的风险承受能力除了受资金实力的制约之外，还受到投资者对风险好恶程度的制约。投资者必须对自身的风险偏好加以分析，让选择的证券组合适合于自己的风险偏好。喜欢冒险又具有雄厚资金实力的投资者，适合设计一个比较高的风险和收益目标水平；反之，就必须设计一个较低的风险和收益目标水平。

四是经常不断地修正投资组合。投资组合建立之后，因为各方面情况的变化，该证券组合的适应性也会发生变化。投资者应当随着时间的推移以及各种影响因素的变动，经常不断地修正已经建立的投资组合，即调换组合中证券的种类和价值比例。修正投资组合的方法通常分事先调整和事后调整。事先调整是投资者依据对将来股价走势的预测和判断，在实际股价变动之前加以调整，此后在股价变化的机会中获得利益或者避免损失。事后调整是指股市行情发生了变化，投资者依据变化后的股价价位的高低以及股票价值的比例加以调整。修正投资组合，不仅可以让投资者获得高收益，还可以降低投资者在证券组合投资中的风险。

投资者掌握了以上的证券组合投资的原则以后，才能把证券组合投资的风险控制在自己可承受的范围之内，并能够获取一定的预期投资收益。

二、两面避险

索罗斯是对冲基金领域中的领导者，他很懂得通过在多头和空头两面下注，把投资部位中风险资产的组成多样化，从而在某一程度上回避风险。

1985 年对索罗斯来说是第一个大考验。这年 9 月 6 日，索罗斯赌马克和日元会上涨。而实际上它们却不断地在下跌。因此他开始怀疑自己的盛衰循环理论。他在马克和日元投入达 7 亿美元，超过量子基金的全部资产。虽然他亏损了一些钱，然而他依然相信情况会证明他是正确的，于是他又不断买入这两种货币，达到 8 亿美元。1985 年 9 月 22 日，索罗斯的"电影脚本"开始具体化。当时美国财务部长杰姆·贝克决定对美元进行贬值，由于美国人民正在开始要求保护他们的工业。贝克与德国、法国、日本以及英国的财政部长，即 5 人小组在纽约的广场饭店聚会。索罗斯知道这一会议的消息之后，立即意识到这些财政部长将要做什么。于是他当夜买进数百万日元。

协商之后次日，美元被宣布从 239 日元下跌到 222.5 日元，那是历史上最大的一次下跌。让索罗斯高兴的是，他在一夜之间赚了 4000 万美元。

在此后的六个星期里，美元在中央银行不断地推动下贬值。到 10 月下旬，美元已下跌 13%，为 205 日元。到 1986 年下降到 153 日元。外币对美元平均上涨 24%~28%。索罗斯的这场豪赌总共运用了 15 亿美元的资金。他利用金融杠杆将大笔的资金投于马克和日元。后来证明这是一个明智的选择。他前后一共获得 15 亿美元的利润。在 11 月前两个星期里，量子基金的资产增加到 85 亿美元。索罗斯所持有价值 15 亿美元的马克和日元，几乎是量子基金的两倍。他卖空价值 8700 万美元的英镑和 2 亿美元的石油，买进 10 亿美元的股票和期货以及 15 亿美元的债券。这些都加起来，他在各种市场里拥有将近 40 亿美元的空头与多头。

索罗斯不仅是证券分析师，而且是交易员出身，他对市场估值有自己一套严格的标准。他时时刻刻关注着市场的波动，在趋势上涨的时候跟随做多，在趋势下跌之前反手做空，并且持续地调整投资策略。

索罗斯举了这样一个例子来说明"双向"策略："假如我当初做出一项真实投资，然后卖空同等的份额，那么价格下挫 20%（即便它同时影响多头与空头两方面），我在多头上投资将只剩下 80%。假如我合时地收回空头投资，就能够弥补这种亏损；即使价格上升导致空头交易遭到亏损，也要比价格下挫时的多头交易的亏损小。"不过，在实际操作中比这个例子还要复杂，由于他往往在几个市场上同时操作，通常来说，极少有人能够真正算清。

三、先会用资金小试一下市场

索罗斯的投资目标是从股市波动中获利。他将其投资决策建立在有关事件未来进展的一种假设上。他衡量的是这种假设的可靠性与事件的进程。

通常，索罗斯的操作方法是：先形成一个假设，建立了仓位去测试这个假设，然后等市场证明这个假设的对或者错。

索罗斯检验这个假设或是由于不能确定自己的假设是否有效，或是由于不知道自己选择的时机是否恰当。

一旦他投出了问路石，便会通过市场验证来决定下一步如何做。假如他的测试让他赚了钱，那么市场对他来说就是对的，他便会进一步购买。

假如他赔了钱，那么市场对他来说就是错了，他就会彻底退场。他可能会在此后再次检验同样的假设，也可能会修改或者彻底抛弃这个假设。

索罗斯如此认为："我操作的方式是，提出一个观点，随后到市场中去检验。当我处于劣势并且市场还在按照一定方式发展的时候，我会十分紧张，会腰背疼痛。接着，我会去消除这种劣势，突然间疼痛就会消失。我感觉会好许多，这可能则是直觉所在。"

索罗斯本人具有极大的直觉能力，当然这种极大的直觉能力也是建立在对信息充分掌握的基础之上。

摩根士坦利公司的柏荣·文总结索罗斯的成功秘诀时说："索罗斯的天才之处在于他有某种规则，他能很实际地观察市场，并且了解哪些力量会影响股市价格。他懂得市场的理性方面与非理性方面，他知道自己并不是一向正确。当他正确而且的确能利用机会时，他就会采取有力行动；当他错了时，他会尽量降低损失……当他确信自己正确时，他会表现得非常自信，正像他在 1992 年英国货币危机中表现的那样。"

索罗斯的直觉部分来源于对股市全面的观察。他的伦敦伙伴文德嘉·阿斯塔指出了索罗斯的投资技巧："他成功的关键主要在于他的心理学层面。他了解大众的本能。他如同一个商品经销商，了解大家当前喜爱什么商品。"

索罗斯在行动的时候，并非以一种粗枝大叶的方式去做，而是通过测试和试探，力求决定他认为对的。事实是否正确？他会提出一种假说，并以这为基础，来决定投资股份的比例。此后，去测试这种假说是否行之有效。若有效，他便会增加这种股票的比例。他对一种股票的自信程度完全决定于他持有份额的多少。若这种假说偶尔无效，他便毫不犹豫地退出。

索罗斯非常喜欢这种策略，实际上可以称作在市场上"找感觉"。索罗斯只是偶尔使用这种技巧。在 20 世纪 80 年代，他与马龟兹共事时，他甚至没有告诉马龟兹。

经过充分讨论，这两个人最终决定冒险尝试。

那时，马龟兹设计了一个受影响程度较小的方案，留出了一项股份投资的大量资金。

"好吧，"索罗斯说，"我如果想买 3 亿美元的股份，一开始，我只会买 5000 美元。"

"先投资，然后去观察。"

"我知道，"索罗斯回答说，"不过，我得先感受一下市场情况怎样。我想看看，作为一个抛售者，我的感觉怎样。作为一个抛售者，如果感觉很好，很容易把这些公债抛售出去，那么，我会更想成为一个购买者。但是，如果这些公债实在难以抛售，我不能肯定我会做一个购买者。"

在投资方面，索罗斯虽然相信直觉，然而他绝不感情用事。和索罗斯长年共事的阿兰·拉斐尔对此深有体会。他说："这一点是不会错的。当索罗斯出了乱子时，他会摆脱困境。他不会说'我是正确的，他们错了'，而是说'我错了'。接着会走出来。假如你持有这种倒霉的股份，它会逐渐将你吃掉。你所能做的则是对此仔细思考一个晚上，完全地远离这种股票。"

索罗斯在投资实践中，总是按照研究先假设一种发展趋势，然后建立小仓位来试探市场，如果假设有效，就继续投入巨资；如果假设是错误的，就毫不犹豫地退出。

基于假设，投资在先，观察在后，是索罗斯更准确、更全面地感受市场，捕捉机遇，获得最大利润的投资秘诀之一。

若索罗斯的假设不是比随意猜测高明得多的话，他也会一直赔钱而不是赚钱。然而索罗斯只会测试那些值得检验的假设。他的独特之处在于他能深刻地理解市场与市场参与者，以及看似不相关的不同事件间很少有人注意到的关联。正是这种理解深度使他以惊人的行动获得了"击垮英格兰银行的人"的称谓。

不过，索罗斯在从事冒险前，先下功夫去研究，评估风险。他的冒险并非不顾安全考虑，他的赌资虽然巨大然而不是他的全部家当。他虽然经常豪赌，但他先会用资金小试一下市场，绝对不会财大气粗到处拿巨资豪赌。

仔细观察他下注方式是：既有理论又有根据，根据研究报告为辅，嗅出市场乱象浮现，调集大量的资金，给予致命重击。

索罗斯认为，有时候进行投资是较为保守的，必要的时候要减少损失，手头通常要有数量较大的备用资金。"假如你经营状况不好，那么第一步你就要减少投入，但不要收回资金。当你重新投入的时候，一开始投入数量要小。"

四、若是正确的，为何只投入这么少

索罗斯有自己的投资信念，他喜欢与对手残酷地战斗。他认为进攻必须果断，不要"小心翼翼"地去赚取小钱，除非不出手，如果看准时机，就应该赚尽。

当很好的时机出现的时候，他敢于将所有的家当下注，甚至循环地抵押借贷以获得更多筹码，他是这样认为，假如没信心出击，就根本不必下注！

1992年秋，索罗斯旗下基金经理德鲁肯米勒认为英国政府的英镑不会贬值的许诺是嘴硬心虚，他投放了20亿美元做空英镑。

索罗斯听取了他的汇报后说了一句话，这句话也成为华尔街的名言警句——"如果你相信自己是正确的，为什么只投入这么少"。

索罗斯做出大胆的决定，并建立了100亿美元的英镑空仓。金融市场是一个时时刻刻充满风险的地方，求生与获利就如同天平的两端，总会让人摇摆不定。怎样把握好平衡，索罗斯有自己的独特思路。那就是一旦看准了，进攻的时候就必须狠，并且要全力而为！

他的确成功了。狙击英镑一战，他获得空前未有的胜利，从英国央行那里赚了将近10亿美元，相当于从每一个英国人手中拿走了125英镑。

在这场"赌局"中，索罗斯是最大的赌家。而其他人在做出亿万资金的投资决策的时候，他们的心脏会狂跳不已，但这不是索罗斯的风格，他在进行大手笔和高风险的决策时，凭借的是他超人的胆略与钢铁一般的意志，他泰然处之，似乎置身事外。或许他可以持续制造世界金融界神话的最大秘诀之一是他具有极强的心理素质。

在战场上拼的是生命，在金融市场里拼的是资金。当获利的机会来临的时候，索罗斯会力图给对方致命一击，用尽手中每一个筹码，不仅有胆量拿出所有家当下注，更会运用各种融资手段。因为"狠"字法则的含义是：进攻是最好的防守。而所有的作为与不作为，都为了达到一个目的——获得最大的收益。

根据有关的统计，全球著名的投机家们攫取的暴利 95%是来自几次大行情的捕捉，只有 5%的财富来自平常的买与卖。在索罗斯眼中，投资者所能犯的最大错误不是大胆，而是过于保守。他说："正确的时候，你不一定所获得的收益是最多的。"

索罗斯是如此阐述的：

"不论你是正确还是错误，这并不是最重要的。最重要的就是你决策正确时获得多少收益，错误时亏损多少。"他坚持自己的投资理念。要想获得长期的收益，应该要把握的关键就是你到底跑了有多远。长期的收益并不等于正确的收益，更不等于点滴的集聚。

"通过对资本与国内挤兑的保持，你要富有很强的进取心，尤其是当你获得很好的收益时。大多数投资者一旦获得收益达 30%~40%时，便小心翼翼地进行交易，而不是全力以赴地争取早已认识到的收益，真正地获得很高长期收益的办法就是全力以赴地去做，一直到你的收益能达到 30%~40%，接下来，若你有信心能实现一年 100%收益，并且你能将连续几年收益率 100%连起来而避免下降的年份出现，那么你就真正地获得了很好的长期收益。"

索罗斯作为真正的风险大师，他不屑于一面保住手头既有利益，一面获取一点微利。他非常自信的是自己在交易中能走到头，能够在大赚与大亏的极端中获得平衡。

五、善于运用杠杆来提高回报率

很多投资者的错误是明明准确地把握市场趋势，却因为缺乏自信而错失良机。索罗斯的观点就是：如果你对某笔交易有很大的把握，就应该勇于大量注资，在高杠杆上保持平衡。

在所有证券组合投资者当中，用年平均收益率来计算，索罗斯曾经创造了最辉煌的长期纪录：连续在 19 年里达到年复合增长率为 34%。就好比斯坦哈特那样，他大量运用杠杆进行投资；所以他承担的风险与获得的收益跟那些保守型的基金经理不能相提并论。

1969 年，索罗斯成立自己的公司，并与吉姆·罗杰斯合作共同创立了量子基金，量子基金则是历史上最成功的大型基金。因为量子基金没有在美国证券交易委员会进行登记，不可以在美国出售，所以它的股东都是外国人，主要来自欧洲人。量子基金大量运用杠杆进行股票、债券、外汇和商品的跨国投机交易。索罗斯的量子基金主要对股票进行投资，而对外汇与商品的投机主要是运用期货和杠杆。

索罗斯在总结自己所获得的绩效时，他认为，理论的指导与杠杆发挥很大的作用。

例如 1997 年以索罗斯的量子基金为代表的一些大型基金公司大量地利用"杠杆"不断挤压泰国金融市场，从而引起泰国金融危机，在此后东南亚金融危机演变过程当中，这些基金公司大量地利用"杠杆"，从而加重了危机的程度。他们如何做的呢？正如索罗斯所说的"我们用自己的钱买入股票，先付给 5% 的现金，另外 95% 的资金是借来的；假如用债券做抵押，能够借更多钱，我们能够用 1000 美元，最少能够购买价值为5 万美元的长期债券……"他们以自有资本做抵押，从银行借款买入证券，再用证券抵押继续借款，快速扩大了债务比率，不仅这样，他们还可以把借款广泛投机于具有"高杠杆"特点的各种衍生工具，从而更加提高了杠杆比率。

索罗斯的量子基金早在1997年3月购买大量的看跌期权，以掉期方式借入巨额的泰铢，卖出泰铢期货与远期，由于断定交易对手要抛出泰铢现货为衍生合同保值，从而轻而易举地借他人之手制造泰铢贬值压力。

索罗斯说："我们之所以采取很多行动只是在于我们利用了某种杠杆，才能变得实际可行。假如不能通过某种杠杆进行调节，我们是不会心甘情愿地对某种特定进行投资的。"

简单来说，在金融投机中，索罗斯会寻找一种合适的工具，让同样的资金富有更大的弹性与效益。索罗斯曾经列举了这样一个例子来说明对冲基金的杠杆原理。如果某一家上市公司当下的股票价格为每股150美元，预计在月底时会上涨到每股170美元。假如运用传统的购买方式，那么需要支付150美元买入该公司的股票，然后到月底的时候，再以170美元的价格卖出，投资者用150美元的成本获得了20美元的利润，所获得利率为13.3%。假如运用期权的购买方式，就能以每股5美元的保证金购买150美元的认购期权，当月月底的时候股价上升为170美元之后，虽然账面的利润值仍旧是20美元，然而20美元的利润实质上仅仅用了5美元的成本获得的，而在这一个月当中所能获得的利润其实是450美元。这两种操作方式所得到的利润差距是相当明显的。

这里所说的杠杆，就像阿基米德杠杆那样神奇的投资工具。通过杠杆，投资者只需要投入少量资金，就有机会获得更高的回报率。杠杆反映的是投资正股相对投资认股证的成本比例。若杠杆比率是10倍，这只说明投资认股证的成本是投资正股的1/10，并不表示当正股上涨1%时该认股证的价格会上涨10%。它的公式为：杠杆比率＝正股现货价÷（认股证价格×转换比率）。

索罗斯凭借在金融界的地位，他的杠杆装置是非常有成效的。在他创建双鹰基金的初期，他的基金公司只有 400 万美元的资金，假如只靠这点资金来进行操作的话，他完全不可能在变化多端的金融中掀起巨浪，但他的双鹰基金却引起了整个华尔街惊叹。实质上，索罗斯正是利用了杠杆的原理使基金公司的资本持续扩大，也就是说，他非常巧妙地利用借贷的方式，用他人的钱来运作自己的双鹰基金。例如，索罗斯购买股票的时候，不会支付全部的资金，只是支付 4% 的资金，那 96% 的资金会以向银行借贷的方式支付；他购买债券的时候，只是支付更小比例的现金，或许只是债券价值总额的 3%，通过这样的方法他能够用手中的 400 万美元进行 8000 万美元的投资。这样一来，索罗斯几乎每一次投资所获得利润均超过他拥有的全部资本。所以，索罗斯利用杠杆原理和准确的判断力，使他的双鹰基金快速发展，成为华尔街的黑马。

不过，杠杆的掌握是很微妙而危险的，一不小心，便会陷入破产的境地。

运用杠杆，对冲基金通过银行信用以很高的杠杆借贷在它的原始基金量的基础上几倍甚至几十倍地扩大投资资金，从而达到最大限度地获得回报的目的。对冲基金的证券资产具有的高流动性，使得对冲基金和以利用基金资产便于进行抵押贷款。一个资本金只有 1 亿美元的对冲基金，能够通过反复抵押其证券资产，贷出高达几十亿美元的资金。在 20 世纪 90 年代的数次货币投机中，索罗斯运用杠杆融资多次得手，没有一场败绩。1992 年，索罗斯的量子基金用 2 亿多美元的担保融资了 20 多亿美元，并参与狙击英格兰银行的行列。

实际上，这种方法使索罗斯大获成功。索罗斯是杠杆玩家，他有一套基本的财务控制方法，确保自己的钱多于杠杆融资必需的资金。而股神巴菲特不玩杠杆交易，他是纯粹用现金的投资者。

懂得运用杠杆不但能够提高投资力度，同时还可以进一步提高报酬率。然而杠杆投资不仅需要良好的心理素质，还需要保持杠杆平衡的能力和技巧。

六、保住本钱是第一考虑

索罗斯虽然敢于冒险，但他并不认为只有冒大险才能赚大钱，实际上，他更注重的是赔钱而不是赚钱。

索罗斯作为对冲基金经理，他在一天内亏损数亿美元的情况时常会发生，在一般意义上的保住本钱索罗斯无法做到。可是，索罗斯也将保住本钱视为自己投资的最高原则，并且把它提高到事关基金生存的高度。

索罗斯所说的"保住本钱"就是保存实力。在他看来，只要在金融市场上能够生存下去，就有机会弥补亏损并再次获利，因此生存本身意味着避免损失。以往半个多世纪大多数传奇般的对冲基金及其经理们登场又离场，然而索罗斯却屹立不倒40多年并到现在保持着收益率最高的对冲基金的纪录，这的确是一件难得的事。

索罗斯对生存的执着来自本能，在幼年时期经历战争洗礼以后自然形成的。对索罗斯来说，呼吸之间最重要的事情则是生存。首先就要活下去，接下来才有其他的可能，这是一个最自然的想法。

在1962年，索罗斯第一次经受严峻的考验，他在斯图德贝克公司的股票上发现了一个套利机会。该公司正在发行"A"股，这种股份将在一年之后变成普通股。其交易价格比普通股低很多。因此索罗斯购买"A"股并且做空斯图德贝克普通股，来赚取价差。他还预测普通股一开始会下挫。若的确是这样，他准备出售卖空头寸，只持有该公司"A"股，等待他预期中的价格上涨。假如普通股不下挫，他觉得自己能够稳赚已经锁定的价差。然而意外的是，该公司的股票开始暴涨，更坏的是，价差并没有锁定，由于A股的上涨速度比普通股慢。

索罗斯承认他很难保持超然态度，此次失败给索罗斯带来很大的心理压力。"我从哥哥那儿借来的钱，并且我很有可能破产"，当时索罗斯的哥哥刚刚创办自己的公司，他的钱是不能损失的。

索罗斯第二次遭受重大的考验是在 1987 年，这年美国股市暴跌以前，索罗斯预测到日本股市即将崩盘，因此他抛空所有日本股票。然而后来美国股市却先崩盘了，10 月 16 日美国股市大跌以后，索罗斯又投入 10 亿美元购买标准普尔 500 成分股。可是到了 10 月 19 日，股市又一次大跌，此次索罗斯出售所持有的所有美国股票。索罗斯离场以后，股价又反弹。

索罗斯在美国这次股市崩盘中，亏损将近 8 亿美元，这笔损失的资金相当于索罗斯基金全部资产的 28%。此时市场盛传索罗斯的投资生涯将就此结束，索罗斯后来回忆说自己当时确实有关闭基金的想法。然而他是个敢于担当的投资家，在巨大的损失面前，他并不退却，依靠自己的杰出本领在当年年底就扳了回来。在索罗斯看来，只要能够活下去，总会有挽回亏损的机会。索罗斯对自己有很大的信心，因此他在金融市场 40 多年里依然不倒。

正像上面所说的那样，索罗斯并不是永远保持成功。但是，当别的投资者在失败面前倒下去时，他却生存了下来，并且到现在仍然活跃在舞台上。

很多成功的人经常说自己对成功既不能陶醉也不感到乐观，其感情大概是超越了一定的界限，达到了另一个境界。当然，很重要的是在整个过程中索罗斯从来没有离开过股市，"活下去才是最重要的"。

为此索罗斯深深地体会到避免损失和保住本钱比赚钱更重要。这与一般投资者的想法是不一样的，一般投资者往往是持有即使暂时遭受亏损也能重新捞回来的想法走进股市的。

华尔街有这么一句名言：假如你在华尔街生存 10 年，你就可以积累很多经验；假如你在华尔街生存 20 年，你就会赚太多钱；假如你在华尔街生存 30 年，你一定是个千万富翁。在金融市场生存并非作学术研究，这是一个高度发达的资本世界，却也是个弱肉强食的竞技场。很多的猛兽虎视眈眈地注视着在广阔市场上的大群无拘无束的角马、羚羊……寻找有利可图的机会，精心策划突然袭击。每个人，只要一不小心就会尸骨无存。在华尔街，每天都有许多人破产，然而生存才是最重要的！

七、永远不要孤注一掷

在金融市场中，尽管危险能够给人带来刺激，甚至有的人就是喜欢去冒险，才徘徊在这个充满未知数的证券市场。可是冒着会把自己毁掉的风险，冒着没有东山再起的风险而孤注一掷，这是索罗斯极力反对的一种投资方式。

"永远不要孤注一掷。"索罗斯如是说，"可是也永远不要在有利可图的时候，懒散地站在一边"。

他认为，优秀的投资者从来不在投资过程中玩走钢索的游戏。如果索罗斯的基金公司员工进行高风险的赌博，将会被他立即制止，并且失去跟他合作的机会。索罗斯曾表示，他跟一位极有天赋的外汇交易员合作，但他在索罗斯不知情的情况下进行很大的外汇风险交易，尽管这次交易获利，然而索罗斯马上中止公司与他之间的所有关系，"由于我感到我已经得到警告：假如我们遭受意外的损失打击，除了自责之外，不能责备任何一个人"。

索罗斯承认，他自己也是一个间或会冒险走到临界点的人，他以自己所累积的所有财富为靠山，然而他不希望合作者用他的钱走到临界点，由于"冒险非常痛苦，不是你自己愿意担当风险，就是你想方设法地将风险转嫁到他人身上，任何进行冒险业务却不能担当后果的人，都不是一个优秀的作手"。

大多数投资者都相信，你所承担的风险越大，你的预期利润就越高。可是索罗斯不认为风险与回报是对等的。只有在平均利润期望值为正的条件下，他才去投资，因此他的投资风险很小，或是根本就没有风险。

1992 年，当索罗斯动用 100 亿美元的杠杆做空英镑时，他是在冒险吗？对我们来说，他是在冒险。我们极容易根据自己的尺度来判断他的风险水平，或是认为他的风险是绝对的。可是索罗斯明白他在做什么。他认为风险是完全可控的，他事先已经计算出，尽管损失，损失也不会超过 4%，"由于其中的风险确实很小"。

索罗斯就犹如一只猎豹时时刻刻在盯着出现的机会，一旦认准机会就迅速出击，在极短时间内抓到机会就快速撤离，一击不中也会全身而退。此投资风格讲究的是缜密的决策、敏锐的观察和周密的行动，其实，其投资理念精髓就是控制风险。

与此同时，索罗斯还认识到，如果过于频繁地操作，尽管对市场判断是正确的，仍然会一败涂地。

面对投资风险，不要孤注一掷。他多次强调："绝不能为了赚钱，而冒着彻底失败的风险。"与此同时，索罗斯还提醒大家，也不要畏首畏尾，裹足不前。如果有利可图，而风险又在能够承受的范围之内，就应该采取果断的行动。

把投资限制在自己拥有无意识能力的范围，就是投资家在避开风险的同时获得巨额利润的方法之一。然而他当初为什么可以获得这种无意识能力呢？这是由于他认识到了风险是可衡量的，并学会了如何去控制。

投资大师是从确定性与不确定性的角度来考虑问题的，他最注重的是实现确定性。他根本没有真正地"控制风险"，他是在坚持不懈地寻找巴菲特所说的那种"高概率事件"的过程中获得盈利的可能性。

而索罗斯却用完全不同的方式实现投资确定性的。就像其他所有成功投资者那样，索罗斯也会衡量他的投资，然而他运用的是完全不同的投资标准。

索罗斯的成功要诀就是积极地控制风险。在控制风险方面，他认为无论你了解多少情况，心里很确定，总还是有不对的可能。因此必须要严格风险控制，绝不要全部的家当押上去，对最坏的结果要有所打算。

除了面对风险与控制风险之外，更为重要的就是主动规避风险。

控制风险与降低风险很不一样。假如你已经把风险降得非常低，你能够安稳地回家睡大觉。

积极地控制风险就必须每时每刻保持对市场的密切关注，并且要在有必要改变策略时（例如，发现了一个错误，或是当前的策略已经执行完毕），必须冷静而又快速地行动。

一般投资者根本没有学习怎样应对风险就急忙地进行投资。询问他们的时候获得的答案通常是他们认为自己清楚所面临的风险。大多数投资者把具有风险意识与从根本上认识到投资的内在真实风险等同起来。他们并非意识到这两种心理之间存在相当的差别。持有前一种想法的投资者会投资那些风险较小的领域，然而他们并不懂得这本身其实就是一种风险。只有投资者充分认识到投资所面临的风险，才能较好地控制和管理风险。大家应当在开始投资之前就要对将面临的风险有充分的认识。唯有如此，面对波动的市场才能沉着应对，尽管遭受损失，也能够保持冷静。

八、要敢于认错

索罗斯的习惯常常是在转折来临之前布局，只要认为自己是对的，他会忍受短期的损失，一直坚持；一旦认为自己是错的，他会果断认错全部平仓，破窗而逃。索罗斯的抗压能力在同行中绝无仅有，尤其是深陷危机遭遇重大损失不得不认赔出场的时候。他不会计较自己的尊严，也不会在意别人说什么，他坚信，只要能够生存下来，就有绝地反击的机会。

"认错的好处，是能够刺激并促进批判力，使你进一步重新检验决定，然后改正错误。我以承认错误为荣，甚至我骄傲的根源来源于认错。"索罗斯如此说。

在投资市场上并没有绝对的"对"与"错"，可以在投资市场上，"对"与"错"的检验标准直截了当地体现在"赚"和"亏"上。假如说认错体现在判断力上，那么改错体现在行动力。

1998年，索罗斯在香港金融市场受挫便马上退场，就是一个典型的例子。他这种敢于认错的态度，一点也不迟疑，果断做出反应的能力，这则是一个伟大投资大师的标志。索罗斯的观点是：大体上，他认为我不会犯错，如此看法被误导了，因为我毫不介意这一点。不过，我和别人一样犯很多的错误。可是我觉得自己擅长的地方，那就是勇于承认自己的错误，这就是我的成功秘诀，我学会了一个重要的洞察力，就是认清人类的思想有与生俱来的谬误……

索罗斯认为，人类对于事物的认知总是有缺陷的，但要随时准备去修正自己的错误，以免在曾经跌倒过的地方再次跌倒。他在金融市场上从不感情用事。正如他通常所说的："假如你的表现不尽如人意，首先要采取的行动就是以退为进，而不是铤而走险。"

对投资者来说，自保能力在投资战略中是极其重要的。担当风险无可指责，但永远不要做出孤注一掷的冒险。优秀投资者从来不在投资中玩走钢丝的游戏。"当你决策失误，导致巨大亏损时，自责是没有一点意义，最重要的是敢于承认自己的错误，立即从市场中退出，尽量减少损失。只有保存了竞争的实力，你才可以卷土重来。"

第一，改错最重要意义是善于审视，没有一项投资可以一蹴而就，通常需要不断地审视、发现以及修正。许多人在投资的过程中常常过度依赖于以往的经验、以前的某一种成功的模式给自己带来过很好的回报，就希望在投资中"模式化"。实际上，股市永远处于变化当中，历史难以代表未来，即使最便捷的投资方式也需要不断地进行修正和调整。尽管没有绝对的"正确"存在，但修正与调整能够让我们与"正确"更加贴近。

第二，必须建立投资纪律，例如止损。在投资过程失误无法避免，但假如不及时改错，那就会给自己带来致命的危险，尤其是在证券市场如此波动较大的市场中，这一点就更加显得不可缺少。

特别指出的是，即使纠正了错误，也需要认识到改错是个不断累进的过程。不断地犯错，就不断地承认，不断地修正，投资的道路上错误是绊脚石，却也是成功的源泉。

"一旦卖出股票就等于确认了亏损"，抱着如此错误，在一味地等待中，从轻度的亏损逐渐陷入了巨额的亏损，"守"未必换得"云开日出"。

九、如果错了，就及时撤退

索罗斯说过："在金融市场上生存有时就意味着立即撤退。"

前面已经讲过，索罗斯的投资方法是首先对市场做出一个假设，此后"聆听"市场的声音，就考虑他的假设是对的还是错误的。假如现实并不如他想象的一样，他也会大吃一惊。既然索罗斯认为由于人们的认识都是扭曲的，因此他也难免犯错误，此信念实际上压倒了其他所有的信念，这也是他的投资哲学的基础。

所以，当市场证明他是错误的时候，他会马上意识到错了。与大多数投资者不同的是，他从来不犹豫，并会立即撤退。

1987年，他判断股市崩盘会从日本开始，随后才是美国股市，然而他原本做空的日本市场反而上涨，使他遭受重创，他并未执迷自己的判断，马上认赔出场。

"他进行的是杠杆交易，基金的生存都遭受了很大的威胁。"量子基金经理人斯坦利·德鲁肯米勒回忆说。

索罗斯毫不犹豫，按照自己的风险管理法则，他开始全线撤出。他报价230点卖出他的5000份期指合约，然而没有买家接手。在220点、215点、205点以及200点，都无人问津。最终他在195点至210点之间出售。他一点不迟疑，也没有考虑是否该保留头寸期待形势扭转。他丝毫不犹豫地撤退了。

市场会告诉索罗斯他犯了一个严重的错误。当市场验证了他的假设是错误的时候，是因为他将要遭受亏损，他的唯一选择就是及时撤出。

后来的结果是，两个星期之后，索罗斯重新回到市场，大量做空美元大赚了一笔钱，是因为他懂得如何处理风险，他迅速又把过去的灾难抛到脑后，使得它成为一段历史。因此，这一年，索罗斯投资回报率依然达到了14.5%。

索罗斯的理论从假设开始，他认为时刻都可能发生错误，一旦他发现错误，马上修正自己的假设。按照索罗斯的理论，假如自己做出的假设并没有在市场上出现，就证明假设是不对的。以前索罗斯公开对市场走势加以预测的时候，当市场的表现跟他的预测不一致，索罗斯都会马上承认自己的推测错误。索罗斯主张"市场永远是扭曲的"，同时他也不会固执地认为自己的假设永远是对的。索罗斯一般的做法是，一边公开宣称市场错误，一边暗暗地撤出自己的投资。这种灵活性使索罗斯可以处于超然的境地。

十、设立亏损的底线

虽然索罗斯痛恨亏损，然而他却可以忍受这种痛苦。对于其他人投资者来说，犯错就是一种耻辱；而对于索罗斯来说，认识到错误就是一件能够引以为自豪的事情。他不会因为错误百出而感到十分伤心，他时时刻刻准备去纠正自己的错误，避免在曾经跌倒过的地方再一次跌倒。

他这样说道："经验告诉我，我可以承受市场下挫 20% 之内的亏损，而这 20% 是稳扎稳打的结果。然而我的资金损失为 2%，便会开始减码。我止损的动作迅速，然而也会迅速再开始行动，加码或是再一次止损；接着若再错，就再减 2%，而我不允许自己一次亏损超过 20%，一般来说我也不会犯这么大的错误，假如我错了 8 次，我就会放弃了。"

索罗斯拥有丰富的市场经验，这是在不断的实践中形成的。观看索罗斯的投资过程，他总是能够抓住市场转变的瞬间，逆向操作。索罗斯从来不轻易"下注"，只要他投入就有盈利机会。索罗斯可以在高风险的投机市场上设定好止损点，时刻运用市场的变化为自己开启"保护伞"。索罗斯从来不是随随便便地进行投资，他往往在自己了解的市场中运作。他拥有很多投资理论和法则，让他在瞬息万变的金融市场中获取了巨大的利润，创造了很多投资神话。

索罗斯善于绝处求生，知道什么时候能够放弃。求生是投资者的一个重要方法。他投资成功的关键不仅在于明白什么时候看对股票，而且还在于承认自己什么时候犯错误。有时候他的行动看起来就如同刚出道的新手一样，买到高点而卖到低点。然而索罗斯的信念是：在某一天能够卷土重来继续战斗，他说："我从不相信有一天醒来之际已经破产。"索罗斯在做错的时候能马上止损离场，目的就是：放弃战斗活下来，好在某一天再上战场。索罗斯止损退场要承受很大的损失，然而如果不立即止损，就会损失更大。

正如拜伦·伍恩所说："他懂得影响股价的力量。他明白市场有理性的一面，也有非理性的一面。他明白自己不是每次都对。他愿意在自己对的时候采取激烈的行动，充分把握大好机会，当他犯错的时候，也愿意认赔退场。"

　　这就是索罗斯典型的行为，索罗斯退场，尽管承受很大的损失，然而他能够避免仓位赔得更多。

　　一个投资者之所以被称为"伟大的投资者"，并不在于他永远是市场中的赢家，而是在于他是否有承认失败的勇气，是否从每次的失败中站起来，而且变得更加强大，而索罗斯完全具备了这种素质。这也是为什么索罗斯在经历了 1987 年 10 月的惨败以后，依然让量子基金当年的增长率为 14.5%，总资产能达到 18 亿美元的原因之一。

　　俗话说，"留得青山在，不怕没柴烧"。遇到风险的时候，止损远比盈利更重要，是因为任何时候保本都是第一位的。"千万不要跟亏损谈恋爱"是索罗斯对"风险控制"的理解。

　　在变幻无常的股市中有一句谚语：会买的是徒弟，会卖的才是师傅。这里说的会卖不仅包括盈利后的卖出，而且也包括止损。当股市下挫的时候，承认错误并且及时止损是投资者保护自己的一种本能反应，甚至有人将止损当作资金管理的灵魂。然而大多数人对在投资部位设一个认输离场的"止损点"，却通常不能真正执行到位。

　　在索罗斯的投资过程中，无论股票的好坏，他都会设立止损点，以自己的承受度和重要支撑位为止损点，下挫为 8%，就出售一半，下挫12%，就要卖空。例如，从 10 万美元损失成了 9 万美元，资金亏损率为10%，那么从 9 万美元恢复到 10 万美元需要的盈利率仅仅为 11.1%；假如从 10 万美元损失到 5 万美元，亏损率为 50%，然而想恢复到 10 万美元盈利率却需要 100%。在股市中，找一只下挫 50% 的股票不难，可是要想找一匹稳涨 100% 的"黑马"，恐怕难度非常大。所以，设立止损点是投资者应该养成的一种良好习惯。

　　为自己设立一条亏损的底线，当亏损超过底线马上退场，以免因小失大。

十一、融资必须要小心

利润是风险的产物并不是欲望的产物，风险永远就是首要位置的，是能够自身控制和避免的，由于获得任何利润都需要承担一定风险才能得到回报，只要操作理念正确，对于应担当的风险我们要不慌不忙，沉着镇定。

例如，用融资进行投机，必然会有一定的风险。而如何趋利避害的方法每个人各不相同，有的人为逃避风险而进行小风险的投资，不过他的利润就会相应地较小。为了获得风口浪尖的那部分利润，就应该有超乎常人的智慧。

俗话说，巧妇难为无米之炊。面对投机这样重要的资本冒险行为，怎样融资是一件生死攸关的大事情。

索罗斯作为著名的国际投机大师，他所得到几次大规模战役的胜利中从事的大部分是融资，由于索罗斯个人无法撼动庞大的国家金融体系。融资能够成功地实现投机，然而融资得来的资金比自有资金更具有风险。如果自己的资金损失就当打了个水漂而已，而融资得来的钱还是要还的。

可是索罗斯并不是疯狂地一味运用融资操作，他对融资的风险十分了解。成功的投机仅仅是有效地减少风险却不能完全规避风险，这是索罗斯所有融资的一个基本条件。所以，在索罗斯的融资中，他千方百计地衡量风险来保证融资的有效控制性。

总之，尽管运用各种规避风险的方法，风险总是很难避免的。有时候失利并不代表什么，如果从长远业绩来衡量的考核才能具有真正的意义。

对索罗斯来说，他已经超越了偶然的胜利和昙花一现的成功。仅就单笔和局部的投机而言，索罗斯也有失败的例子。然而从一个较长的时间段来看,索罗斯坚持自己独特的投资习惯与原则,换取了量子基金的惊人业绩。

索罗斯在融资方式上是多管齐下。他的量子基金是基于合伙人投资关系的,基金的合伙人提供大量资金但不参与具体的投资活动。索罗斯等基金管理者是以资金与技能入伙,来负责基金的投资决策。因为对冲基金在操作上要求很高的灵活性与隐蔽性,所以在美国,对冲基金的合伙人通常控制在100人之下,而每个合伙人的出资额在100万美元之上。在双鹰基金开始初期,索罗斯本人仅仅为25万美元的资金,然而他却迅速吸引了400万美元的欧洲资金加入。这也说明风险投资者对索罗斯的信任以及索罗斯在投融资上的魅力。

索罗斯的量子基金属于对冲基金中的一种,是因为私人的合伙关系,因而它能够回避美国法律对公募基金信息披露的严格要求。对冲基金的高风险性与复杂的投资机理让很多西方国家都禁止其向公众公开招募资金,来保护大多数投资者的利益,然而由于高回报的诱惑,总需要很多风险投资者愿意加入冒险的行列。

有了一定的基金基础户,怎样发挥基金自有资本的功效可以说是索罗斯的一大长处。索罗斯自己承认说:"我们之所以采取很多行动只是在于我们运用了某种杠杆,才变得实际可行。假如不能通过某种杠杆进行调节,我们是不会心甘情愿地从事某种特定投资的。"

简单地说,在索罗斯的金融投机中,他找到了一种合适的工具,让一样的资金富有更大的弹性与效益。1000美元能够值多少,这仅仅是一个话题。假如只是操纵股票,那么就只有这么多。而在索罗斯看来,杠杆装置能够赋予他大得多的灵活性。

能够顺利融资是走向成功的第一步,但怎样避免融而无用甚至大亏本,这就要看投资者的眼光与策略了。

索罗斯对融资的观念有以下三个要点:

(1)基金的净值应该用来支持所使用的融资,不得超出借贷的融资部分，不得超出基金净值，以防止举债大于资产的负面状况产生。

（2）对于纯粹的商品类基金来说，运用的融资倍数非常节制，太危险的不做，在索罗斯的认知里，商品类基金的风险比其他大，所以索罗斯在没有很大的把握下，不敢轻易以高杠杆方式操作。

（3）必须处于正确的行情，才能借融资来获利，索罗斯坚信自己的看法是正确的时候，才会大手笔投入。

第二章　杰西·利弗摩尔控仓的秘诀

人物简介

杰西·利弗摩尔（Jesse Livermore）是美国历史上最伟大的投机家，享有"华尔街独狼"的称号。与巴菲特的恩师格雷厄姆以及另一个知名的金融投资大师江恩同处一个时代。他被称为举世罕见的短线狙击手。他从5美元开始一直到身价超过1亿美元，是华尔街历史上无人能及的传奇。他是投机领域中的天才，他敏锐的直觉嗅到哪家公司的股票已处在高位的警戒区域，什么时候可能掉头向下。他成为一头职业化的熊，专门进行卖空来发财致富。他是华尔街"最大的空头""少年作手"以及"华尔街巨熊"，并享有"投机之王"的称谓，被列为5位最伟大证券交易者之一。他是华尔街交易技术的开创者之一，当代的股票技术法则的流派均是建立在利弗摩尔的股票操作手法基础上延伸出来的。

成功关键：在于跟住大趋势，而不是关注每天的波动；在一个大牛市中，买入并持有，一直到牛市接近尾声。

控仓名言：不要赔钱，不要丢掉你的筹码。一个没有现金的投机者就像是一个没有存货的商店老板。现金就是投机者的存货，就是他的生命线，就是他最好的朋友——没有它，你就不能做生意。不要丢掉你的现金！

一、分批进场原则

利弗摩尔在买股票时必须分几次买进，而且每次只买进一定的比例。他在操作的时候，买入 30%当作第一次试探，再买入 30%当作第二次试探，最后才买入 40%。他是这样认为的：

"我喜欢将它叫作我的探测系统。不要损失自己的本钱——不要损失了自己的赌注，不要失去了自己的头寸。没有现金的投机者就如同一个没有库存的百货商似的。现金就是自己的库存，就是自己的生命线，就是自己最好的朋友。如果没有现金，那就做不了生意。

"不要失去了那要命的头寸。只在一个价位上建立自己的全部头寸是不对的，这是相当危险的。反之，你首先决定你应该买入多少股票。例如，你最终要买入 1000 股，那么一开始的时候，在关键点上买入 200 股——假如价格上升，但还在关键点的幅度内，就再买入 200 股。若它还在上扬，就再买入 200 股。此后看看它的表现怎么样，若它继续上扬，或是在调整以后依然上扬，你就能继续跟进，一下子买入最后的 400 股。

"必须注意的是，每一次买入应该是在比上一次高的价位上买入。同样，这个规则也适合于卖空，每一次卖空都必须在比前一次低的价位上卖空。

"基本的逻辑非常简单，例如，投资者想建立 1000 股的头寸，那么每笔交易应该表明投资者在之前的交易中得到了利润。每笔交易都要有利润，这个事实就是活生生的证据，就是禁得起严格的考验的证据，它则证明你的判断是对的。某只股票正在依照正确的方向运动。这就是你需要的证据，反之，假如你赔钱，那么你的判断是不对的。

"没有经验的投机者面临的困境通常是为每一笔头寸付出更多。为何？由于每个人都想进行操作，为每笔交易付出更多，这是不符合人性的。投资者都想在最低价的时候买入，在最高价的时候出售。操作的心态必须要平和，不要跟事实争论，不要在没有希望之际抱有希望，不是与报价机争论，由于报价机总是对的——在投机中没有贪婪的位置，没有情绪的位置，没有希望的位置，没有猜测的位置，没有恐惧的位置，然而在人的解释中，通常有谎言。

"最后要强调的是，投机者在购买股票时必须分几次买，并且每次只能够买一定的比例。例如，交易者买入 30%作为第一次试探，再买入 30%作为第二次试探，最后才买入 40%。

"投机者适合多大比例，这完全取决于他个人。我在此仅仅想简单说一下最适合我的比例。主要有三条原则：一是不要一下子买入所有头寸；二是等待市场证实你的判断，否则你就会付出更多；三是在你开始操作之前，必须要确定你要买入的股票的数量，或是决定你想拿多少钱购买这只股票。"

当然，利弗摩尔这种创新高买入法，在很多人来看是冒险行为，是赌博。其实在趋势投资者来看，却是相对安全的。他们有一套购买策略，能够进一步降低风险。

利弗摩尔采用了每次少量购买试盘的策略。当股价突破阻力线的时候，他会少量购买，持有并且不断地观察股价走势变化。假如股价走势不如预想的上攻，而是掉头下跌回阻力线，就应该止损。假如股价走势符合预期上攻，就应该继续加仓，一直到买齐预计的数量。

利弗摩尔有一个基本的原则，那就是第一次所购买的头寸不见利润绝不加仓，由于不见利润，就说明你的判断暂时没有被市场证明是对的，而必须在事实证明以后才能够加码。他说过："要想在投机中能够盈利，必须买卖一开始就表现出利润的商品或者股票。那些买入或卖出之后就出现浮亏的东西说明你正在犯错误，通常情况下，假如三天之内仍然没有改善，就应该立即出售。"

为此，他有三条规则：一是不能一次性满仓，否则，这是十分危险的；二是等着市场证明你的判断，在关键点之上追加买进；三是调整以后依然上涨，追加买进。

二、试探性操作策略和金字塔操作策略

利弗摩尔说，在股价突破特定的阻力线、创下新高的时候买入。运用试探性策略以检验市场走向，接着运用金字塔策略，在价格上涨的时候补仓。

在操作实践中，利弗摩尔的策略开始发挥作用。在他30岁的时候，其操作更加成功。这时候，他已经创立起了自己的试探性策略。他的另一个交易策略，就是金字塔策略。

金字塔策略则是股市中超级高手均遵照的重要操作策略。所谓金字塔策略是指在股价上扬的时候补仓。在利弗摩尔那个年代，此策略显得非常另类，由于很多人都被告知，要在低价的时候购买，并不是买高价，才能获得便宜货。近期购买的股票，若证明判断是对的就再补仓，这样会使得你的收益越滚越多。利弗摩尔发现，观察了某一只股票的价格走势再买进之后，假如该股价格连续不断地上涨，这就是向他证明，其决定是对的。如果是这样的话，使得他完全有证据继续购买这只股票。如此的效应从而为他获得更多的收益。

1906年年末，美国股市已经无法继续维持长期的上升趋势，利弗摩尔就采用试探性策略与金字塔策略进行卖空。当某一只疲弱的股票价格一路下挫的时候，他就会增加空头仓位。1907年美国熊市之初，他的卖空策略十分成功，这时已经成为百万富翁。

1928年冬天至1929年春天，美国股市全面地进入牛市。利弗摩尔一路做多，获得丰厚的利润，然后又着手寻找市场的顶部。1929 年 7 月，他清空所有的多头仓位，宁愿在上升行情中逆势出售。他还认为，市场已经过度上升。他看到的，是一个巨幅上扬的市场，一个已经开始转向横盘的市场，而不是仍在强劲上涨的市场。此时，他便开始试探空方。

利弗摩尔说："对大多数投资者而言造成伤害的是主要趋势的变化。他们的投资资金往往被套牢，是因为他们的投资方向不对，是因为市场运动的方向对他们不利。为了验证我对市场正在出现的变化的看法是否正确，我往往采用小笔头寸试探法，先下一张交易额很小的单，是买进还是卖出，则取决于趋势改变的方向，以验证我的判断是否正确，通过发出试探性的交易单，来投入真正的资金。我往往能够获得趋势正在改变的信号，由于每一笔股票交易总是在比上一次交易更便宜的价位上成交的。这说明这只股票的价格正在下跌。"

"我所说这一切，则是我的交易系统的精华，此系统是以研究大盘趋势为基础。我仅仅是去了解价格最可能运动的方向。我还要运用额外的测试，来检验我自己的操作，便于决定重要的心理时刻。在我开始操作之后，我是用观察价格行为的方式来做这一点。"

观察趋势的变化，是一件非常困难的事情，是因为它与大多交易者当前的想法、做法正好完全相反。这就是利弗摩尔采用试探性操作策略的重要原因之一。

利弗摩尔的试探性操作策略是，在交易开始先建立很小的仓位。如果交易成功，他便会补仓，只要市场走势符合其预期，他便会继续购买（或是卖空），这则是他的金字塔策略。他总是在股价上涨中逢高摊平，而非在下跌中逢低摊平。逢低摊平的交易方法是，在他那个年代以及现代大多数时候，都是比较通行的方法，可是它却并不最有利可图。他向很多不同的经纪行下单，以免行踪被华尔街发现，由于华尔街大多数人对他的操作能力和名声十分感兴趣。

如果试探性操作策略一成功，利弗摩尔就能够确定市场正要反转向下，由于价格已经以难以想象的速度上涨了一段较长的时间。这则是所有优秀投资者应用的重要技巧之一。当所有事情看起来都十分美好的时候，他们总会关注市场中隐约可寻的线索，以此来分析是否要发生趋势的变化。

利弗摩尔在 1929 年的时候，股市早就发出崩盘在即的太多信号。当时的领涨股已经停止再创新高价，走势停止不前。精明的投资者开始逢高抛出。几乎每个投资者都用 10% 的保证金购买了股票，并认为自己已经成为股市专家，逢人就高谈股票。这种热过头的现象，正是一个非常明显的信号，告诉人们：当每个人都拥进股市，便再也找不到更多的买盘力道，就会将市场推得更高。

到了 1929 年 10 月，美国股市终于崩盘了，此时利弗摩尔坐拥几个月来连续建立的庞大空头部位。这些空头经过补仓，从而赚取数百万美元。

利弗摩尔还强调，如果你的头笔交易处于亏损状态，则不要继续买进，绝不要摊低亏损的头寸。只有当股价连续上涨的情况下，才继续买入更多的股票。如果是向下放空，只有股价符合预期回落的时候，才可以进行加码。利弗摩尔热衷于卖空那些价格创新低的股票。

利弗摩尔认为，若你判断市场大势将要反转，要想做空头交易，在熊市还没有真正到来之前，应该先运用一个小单去试探，并非一开始就重仓进入。如果试探性的交易失败了，你就应当退场，此时损失就不会太大；如果成功了，可以在适当的时候进行加仓。牛市做多的时候也是这样的。

此策略的执行方式是先建立一部分的股票头寸，一直到买足你当初准备拥有的全部股数。因此，在买入前应该决定好到底买多少股，这是一件非常重要的事情。这则是稳妥的资金管理原则。

利弗摩尔执行试探性操作策略与金字塔操作策略，是在领涨行业的领涨股突破最低阻力线之后买进，从而保证自己站在市场正确的一面。

进场之前，最佳的做法是首先了解大盘的趋势。利弗摩尔相信，股市的将来是与目前交织的，这无法准确预测将来股市的原因。股市不按照大家的意愿去发展，总是自行其是。利弗摩尔在牛市的时候总是做多，熊市的时候总是卖空，在大盘的趋势不明朗时，他就会持现金观望，一直到大盘的趋势明朗的时候下手。找到这种趋势的变化，是非常困难的，由于它与现在的想法和做法并不一致。这就是他运用试探性操作策略的原因。

利弗摩尔的试探性策略与金字塔策略，是先渐渐建立仓位，一直到补齐当初准备购买的总数。对他而言，在实际购买之前就确定要买入的股数，也是相当重要的。这则是一种合理资金管理的表现，也是利弗摩尔极其重要操作原则之一。他往往先对某一只股票建立少量仓位加以试测，看一看当初的分析是否正确，这则是试探性操作策略。假如该股走势符合其预期，他就会持续购买，当然他总是确保，此后每次购买的价位越来越高。

例如，若决定购买某只股票 600 股，首先是他会等待一切条件都符合自己的原则。接着他会买入原计划的 1/5，即为 120 股，或者只是购买20%。假如股价走势不符合其预期，他就会承受一点亏损将它们抛出。假如股价走势几天内仍不确定，他就会退场，由于这种表现也不符合他的想法。假如股价上涨，他会再次购买。第二次购买的价格要高于第一次，数量又是 120 股，或者是原计划的 20%。

这时候，他已经拥有了 240 股，并且股价如他所料不断上涨。此点也是相当重要的。他能在此过程中排除很多情绪因素。他的原则是依照股票在市场中的表现对他加以指导。其行为则不受到希望、恐惧以及贪婪摆布。他的原则是会下达指令，是应该持续买入，还是因股价开始下挫而抛售。

例如，若股价一路上涨，他则会补齐剩余的股数，上面的例子中就是补仓 300 股或 350 股。这则是他控制风险的一种方式，也就是持续观察价格走势，顺势而为。

此策略必须观察得十分仔细，然而同样相当困难的事情则是利弗摩尔坚持完善自己的策略，认真地阅读报价行情，不断地吸取经验教训。

他一旦建立好仓位，不管是多头还是空头，然后都会进行寻找卖出的信号。大家经常说，股票操作中最困难的事并非是买入，而是卖出。在利弗摩尔所处的年代，也是这样的。

利弗摩尔喜欢在股价连续上扬的时候卖出，要做到这一点也是很不容易的事情，是因为赚钱的股票正不断地为你带来更多利润，也许你的头脑里装满贪婪，这时卖出与情相悖。而懂得通过不断地观察市场来消除情感影响，在合适的时间获利了结，正是那些凭着经验以及知识严谨自律的投资者。他明白，是不可能在最高点卖出，于是将目光投向报价行情，在某一只股票已经上升很长的时间，量价异常以后，寻找卖出的信号。成交量在增加，然而股价几乎没有上扬或者下跌，这些当今来看则是很重要的卖出信号，也一样适用于利弗摩尔的时代。如何辨识价格和量能的异常，主要是依靠经验。

一般来说，只有在至少希望获利达到10%的时候，利弗摩尔才会建立多头仓位。而他获得的很多重大胜利远高于这个数字，由于他的耐心持有获得了回报。当然，也有很多次操作之后，走势并没有按他最初的预期。假如股价开始下挫，那么他就会在亏损几个点的情况之下卖出。下挫则是在证实他的判断可能是不正确的。在股票市场，若错了，最好的矫正方法就是立即采取行动。就利弗摩尔来说，就是抛售股票，转向其他目标。假如股价小幅震荡，他也会卖掉，这对他而言，就意味着要付出机会的成本。他宁愿参与股性非常活的股票，不管趋势是朝哪个方向。

三、分仓买入法

利弗摩尔认为，大多的投机者凭一时的冲动买入或者抛出，将所有的头寸都集中在同一个价位上，而不是拉开战线，此做法是相当危险的，是因为利弗摩尔所处的年代，投机者能够运用保证金的杠杆来做多或者卖空，如果操作失误，那么一次的暴仓就会使得那些"投机者"赔个精光。

利弗摩尔认为分仓买入法是比较安全的方法，他是这样介绍他的分仓买入法：

假设你想买入某只股票为 600 股，第一笔先买入 200 股。然后股价上扬了，再买入第二笔为 200 股，依此类推。此后所买入的每一笔一定处在比前一笔更高的价位上。

根据我的经验，若遵照这一规则，比运用任何其他方法更能接近市场正确的一边，是因为按照如此的程序，所有的交易自始至终均是盈利的。你的头寸确实向你显示利润，这则是证明你正确的有力证据。

依据我的操作惯例，一是你需要估测某只股票未来行情的大小，通常前期机构收集的筹码时间跨度更长，那么之后展开的行情更激烈，如图 2-1 所示。

二是你要确定在什么价位买入，这则是非常重要的一步。仔细地观察图表记录，认真地琢磨以前几星期股价的运动。事前你已经认定，假如你选择的股票果然要开始这轮运动，那么它必须到达某个点位；当它果然到达这个点位的时候，正是你买入的第一笔头寸的时刻，如图 2-2 所示。

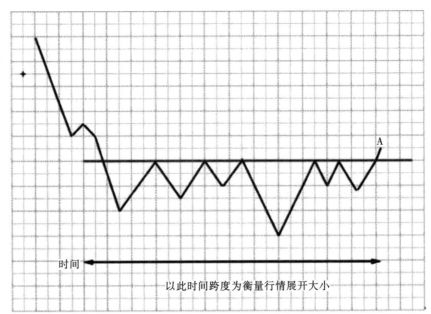

时间

以此时间跨度为衡量行情展开大小

图 2-1

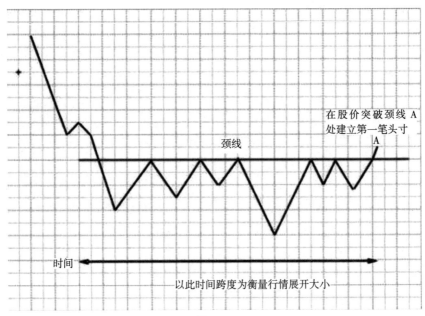

在股价突破颈线 A
处建立第一笔头寸

颈线

时间

以此时间跨度为衡量行情展开大小

图 2-2

　　在建立第一笔头寸之后，你要明确决定在万一判断失误的情况之下，自己能够承担多大的风险，如图 2-3 所示。

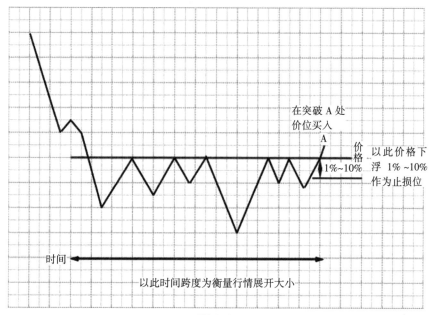

在突破 A 处价位买入

价格

以此价格下浮 1% ~10% 作为止损位

时间

以此时间跨度为衡量行情展开大小

图 2-3

　　假如按我介绍的理论行事，也许会有一两次你的操作是亏损的，即有可能当你在股价到达 A 处价位时开仓建立头寸，但股价并没有如你所愿开始上扬，反而跌破设置的止损位，即你能够承担的最大风险，此时你必须要勇于止损卖出，如图 2-4 所示。

　　倘若你一贯地坚持，只要股价到达你认定的关键点就不放弃再次进入，那么一旦真正的股价上升行情启动，你就一定会已经在场内了。简单来说，你已经抓住了这次机会。

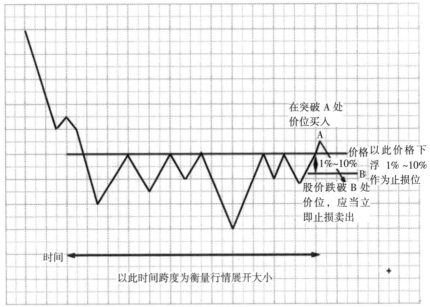

在突破 A 处
价位买入

价格以此价格下
浮 1% ~10%
作为止损位

股价跌破 B 处
价位，应当立
即止损卖出

时间

以此时间跨度为衡量行情展开大小

图 2-4

四、要保留一份储备金

利弗摩尔说过："必须要有储备金。成功的投资者应随时有储备金，这就像是一个好的将军一样，他总有增援部队在最需要的时候派上用场，他非常自信，总是在最后将增援部队派上战场，夺取决定性的胜利，由于他等到了所有因素都对自己有利的时候。"

"在股票市场上，机会总是连续不断地出现，假如你错过了一个好时机，那就再等待一会儿，必须要有耐心，下一个时机总会来临。不要勉强去进行操作，必须等到'一切'对自己有利的操作条件都出现，你再去操作。要记住，你不用时时刻刻都在市场上。

"有些时候，你必须持币观望，拿着资金在市外等着，等待操作。通常是那些持币观望，等到合适的机会进行操作的人才能赚到大钱。耐心，耐心，再耐心——不是速度——才是成功的关键。若一个聪明的投资者把握好这一点的话，时间就是他最好的朋友。

"应该记住，聪明的投资者总是很有耐心的，并且总是有储备金的。

"投资者必须把这一点当作一项行为准则：每当他把一个成功的交易平仓了结时，总取出一半的利润，储存并积蓄起来。投机者能从这个市场中赚到的钱，就是当投机者了结一笔成功交易后从账户里提取的钱。"

利弗摩尔认为，为了保住本钱，随时把获利的一半放入保险箱，或是存进银行。现金就是你藏在家中的秘密子弹，你必须要保存一笔储备金。就如同优秀的将军身边保留预备部队为正确时刻之用。"我一生最大的遗憾是，在我整个交易生涯之中，我没有对这条规则给予很大的重视。"

总的来说，利弗摩尔的一生当中四起四落，在股市上几次获得庞大的财富，但最后又失去，以至于他用枪了结自己的生命。他用自己的生命来告诫自己的儿子："我只有在违背自己的规则时，才会失败。"他在临死前对两个儿子说："在成功结束一笔交易的时候，必须要记住把获利的一半抽出来锁进保险箱里。"如果他每次提出二三十万美元："算一算你的钱，把它作为一个决策来执行。这种拥有的感觉，就会减轻你拿这些钱再次搏命，以致损失的那股顽强冲动……这种方法帮了我好几次大忙，我只后悔这一生没有彻底遵守。"

利弗摩尔后期遵守的另一条纪律（如果早点这样做，也许还会帮助他避免遭遇某些低谷期），是拿出一半利润用作现金储备，而这些利润通常来自获利翻倍的操作。有了这样的现金储备，他就可以避免破产。同时，在市场反转时，还能供应所需资金，用这种资金来充分利用市场的变化。

最终失败原因是他打破了早年花费很多时间好不容易发展出来的市场操作守则。他也违背及时认赔出场的守则，继续死抱赔钱的部位。为了将钱捞回来，不顾一切拼命地操作，结果损失更惨重。

不管赚钱与否，投资者都必须有严格的纪律，切实遵守资金管理计划。在股票市场上，连续亏损是极其正常的现象。没有必要反应过度，也不要气馁。只要严格遵守计划，确实降低操作规模。连续获利也不可影响既有的纪律，不要因此而觉得自己很了不起。一定按照既有计划行事，不要乱了步调。假如你愿意花时间设定风险参数，就应该严格遵守其规范，否则就没有任何意义了。

五、绝不能平摊亏损

利弗摩尔说："在市场机会出现的时候，立即买入或卖出 20%~30% 的初始仓位（趋势跟踪底仓），然后密切跟踪趋势的发展，一旦发现趋势没有向预期的方向发展，就必须立刻清仓，接着耐心等待下一个机会。在趋势上涨的过程中，渐渐加码增仓买进（趋势的重要支撑点），这类头寸称为波段仓位。绝不要分摊亏损（亏损的仓位不能补），有了 20% 以上的利润，必然不能变成亏损。"

1908 年，利弗摩尔听从棉花大王托马斯建议，做多棉花期货，但一开始就被套牢，然而他却不管关键点的信号已经发出，不愿意认赔，继续向下摊平，最终一共购买了 44 万包棉花期货。短短几周之内，他不仅破产，而且还负债 100 万美元。利弗摩尔得出这样的认识：

"目前，在市场里的投资者犯下的各种错误，的确是无奇不有。我对大家的忠告之一是：对亏损的头寸不要在低位再次买入，摊低头寸的平均成本。可是，这正好是很多投资者最常见的做法。"

利弗摩尔还列举了一个例子来说明：

如果你购买一只股票的股价为 50 元，买入 100 股，两三天以后，假如看到能够在 47 美元再次买入的话，你的心很有可能会被摊低成本的强

烈欲望攫住了，非在 47 美元左右再买入 100 股不可。但我要说的是，你
已经在 50 美元买入 100 股的股票，并对它的股价下挫到 47 美元的过程
中担心，那么究竟凭什么理由再买入 100 股，若你在 47 美元再买入 100
股，当它再次下挫到 44 美元时，您又应该有什么想法呢？

　　假如你准备根据这种经不住推敲的规则行事，你就一定会坚持一贯
摊低成本的做法。假如股价跌到 44 美元，你一定会再次买入 200 股；下
挫到 41 美元，再买进 400 股，到 38 美元，再买进 800 股；到 35 美元，
再买进 1600 股；到 32 美元，再买进 3200 股；到 29 美元，再买进 6400
股，以此类推。有多少投资者能够承受如此的压力？若能将这样的对策
执行到底，倒是不必放弃它，可对于我们一些小额资金的投资者而言，
你能够坚持到哪个阶段呢！有可能你买入的股票的股价不会如上面所说
那样一直下挫或这类异常的行情不通常发生。可是这种异常行情，投资
者应该始终保持高度的警惕，从而防止危险的降临，如图 2-5 所示。

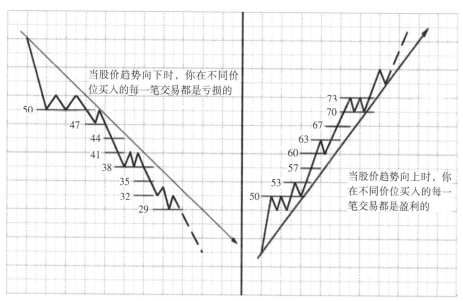

图 2-5

利弗摩尔强调，"绝不要平摊损失，必须要牢牢地记住这个原则"。

某些投资者遇到巨大的损失时，就会过度操作，着急想挽回局面。当天、某个部位或者当月的积累亏损越来越严重，这是人们不愿意看到的情况。而投资者到底怎么去处理这种局面，通常也就代表成败的分水岭。遭遇巨大的挫折时，最聪明的做法就是遵照资金管理计划的指示，接受亏损，暂时退场。然而大多投资者的反应正好相反，为了挽回过去的亏损，更频繁进行操作，甚至扩大部位的规模。当损失积累到某种程度，一般投资者就会失去理性思考能力，急于想要挽回亏损。一旦出现这种心态，整个操作就乱了头绪，决策变得非常轻率，结果不可想象。必须注意，投资决策不应该受到盈亏金额的影响。投资者应该知道，每个人都会遭遇交易不顺手的时候，这些损失是能够被接受的。遇到这种情况，应该放缓步调，而不是加快。为了挽回亏损，有的投资者会恐慌，甚至出现报复性交易，这种极其不理性的行为往往会造成更坏的结果。

六、割掉亏损，让利润奔跑

利弗摩尔曾这样说过："当我接受了一次失败的操作之后，我就不再为这而不顺心了。然而，假如是我的操作失误——我做得不正确，那么，这才会对金钱以及心灵造成双重的伤害。在一切因投机而犯的愚蠢的错误里，极少有比出售赚钱的、买入赔钱的更愚蠢的了。出售让你亏损的，保留让你盈利的。"

"在购买某一只股票时，对我而言，一个极其重要的是，尽可能在最接近关键点或连续关键点的时候买入。我就是按照此点来做出我的决定的。假如某只股票从反向关键点上涨，我就将它持有手中，我会感到非常放心，由于从这个点以后，我运用的是从股市上赚来的钱，而不是运用自己的资金。假如在我买入这只股票之后，它从关键点反向下挫，我就主动地抛售。一旦它变成绿色的，我就放下心来，我只是耐心地观察这只股票的走势，什么也不做，一直到它收盘为此。我不会因有可能亏损我的'账面利润'而感到懊悔，是由于从一开始那就不是我的钱。所以，寻找关键点与连续关键点是我主要的任务。原则是：割掉亏损，让利润奔跑。必须要将获利股留在手里——让它们奔跑吧，一直到你有一个足够的理由将它们卖出为止。"

利弗摩尔举了这样的一个例子：

1924 年夏天，小麦已到达我所说的关键点，所以我入市买入，买入之后，小麦的价格进入牛皮状态，并继续了数天，然而这期间从未下跌到关键点之下，后来，小麦价格再次上涨，并达到了比前一波高点还高几美分的价位。从此高点开始，出现了一个自然的回落，有几天小麦的价格又一次进入牛皮状态，最后又恢复到上升的趋势。一旦小麦的价格向上穿破下一个关键点，我便会再次购买，成交价要比关键点高出 1 美分，在我看来，此点清楚地证明，小麦的价格正为进入上涨状态做好准备，由于这次买入的头寸比第一笔的过程要困难多了。

之后一天，小麦的价格并未像刚刚突破第一次关键点那样自然回落，而是上扬了 3 美分，若我对小麦价格走势分析是对的话，这正是它有所表现。此后，小麦的价格开始一轮真实的上涨行情。据我预测，它即将继续好几个月的时间。不管怎么样，我还没有完全地认识到目前行情的全部潜力。之后，当我有了很好的盈利后，就全部抛售，便在场外旁观，眼睁睁地观察它在几天之内持续上涨了 20 多美分。

这时，我便意识到自己已铸成大错。为何我要害怕失去那些我从不真正拥有过的东西呢？我过于急于求成把利润落袋为安，应该更有一点耐心，将头寸持有到底。我明白，一旦机会成熟，市场到达某个关键点的时候，便会向我发出危险的信号，并且给我留下足够时间出场。

因此，我决定又一次进场买入，买入的价位比第一次卖出的价位要高 25 美分，而当前我投入的头寸，只是我第一次卖出的一半。还不错，之后，我就继续持有这笔头寸，一直到市场发出危险信号为止。最终这次交易获得 300 多万美元的利润，如图 2-6 所示。

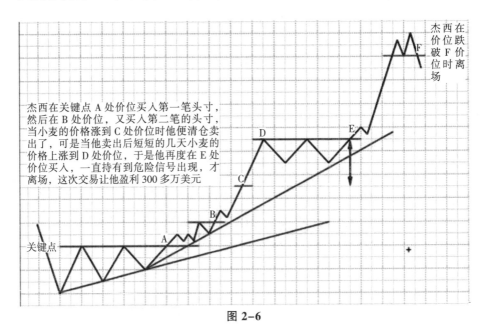

图 2-6

1924 年这战役，利弗摩尔深深地体会这个道理。那时候，他非常看好小麦后市，也压了很多资金，可是由于恐惧心理作祟，过早地获利了结，卖出之后，小麦持续地上涨。他领会到："为何我要害怕失去那些自己曾经没有真正拥有的东西？"

"要赚大钱并不是靠股价起伏，而是要靠市场的大波动，投机客必须有勇气等待行情结束，"由于"股价变化最大的那一部分，都发生在整个行情的最后 48 小时之内，在这段很具关键性的时刻之内，我们必须坐在轿子上。"

经过很多次的教训，利弗摩尔不断地修正自己，也因此多次从破产中又崛起。他这样说："当我的操作处于获利状态，我从来不紧张。我能够在拥有单一个股部位高达数十万股的时候，依然睡得像个小婴儿似的。

由于我的那笔交易正在盈利中，我只是在使用途中多出来的钱——这是股票市场的钱，如果这些盈利都赔光，我也只是损失那笔我原先就不拥有的金钱。"

当然，当股票出现反转的信号，不如原来的预期，也就是来到它的关键点时，就必须壮士断腕。他说："利润则是能自己招呼自己，亏损就永远做不到。"所以，"亏损要斩断，盈利则要有往前跑的空间"。

七、损失不到10%时就必须及时止损

利弗摩尔说："利润会让自己积累起来，而亏损却不会。投机者希望避免更大的亏损，就应该从避免一个个小的亏损做起。"他做出以下详细的阐述：

"我提出了我的10%作为原则——假如我在一笔交易中的亏损超过10%，我就立即出售。我从不问什么原因，股票的价格下挫了，这就是我退场的原因。我是出于本能卖出，事实上，这并非本能，这是我长期以来在股市上交易中所积累起来的潜意识。你应该服从你自己制定的原则。不要欺骗自己，不能拖延和等待！我的基本原则是，绝不能让亏损超过资本的10%。

"举例来说明，如果你在50美元买入某只股票，次日它下挫到48美元，你的账面显示出两点的损失。你也许不会担心将来这个股票可能持续下挫3点或者更多点。不，你仅仅将现在的变化当作一时的反向波动，感觉到第二天市场一定还要恢复到原来的价位。可是正在这时候，你本应该非常担心。损失这两点以后，有可能雪上加霜，下一天会再损失两个点，下一周或者下半个月也许再损失5个点或10个点。这正是你应该害怕的时候，由于若当时你没有止损退场，最后可能会被逼迫承担远远大得多的损失。这正是你必须抛出股票来保护自己的时刻，避免损失越滚越大。

"利润总是能自己照顾自己，但是亏损就永不会自动了结。投机者必须对当初的小额亏损采取止损措施来确保自己不会遭受巨额的损失。如此一来，他就可以维持自己账户的生存，终有一天，当你心中形成了某一种建设性想法的时候，还可以重整旗鼓，去建立新头寸，持有与以前犯错误时同样数额的股票。投机者必须充当自己的保险经纪人，而确保投机事业继续下去的唯一抉择就是，必须小心地看管好自己的资本账户，绝不允许损失大到完全威胁到将来交易的程度，留得青山在，不怕没柴烧。一是我认为成功投机者事前必然总是有充分的理由才进场做多或者卖空的；二是我也认为他们一定按照一定形式的规则来确定第一次进场建立头寸的时机。"

利弗摩尔还特别强调说，必须学会止损，来保护自己，一旦决策失误，亏损不超过10%。抛售横盘的股票，是由于这会带来机会成本。"在购买股票时，我将两个点牢记在心中：第一，价格止损点。第二，时间止损点。这些是我操作技巧的命根子。"

1. 利弗摩尔价格止损点

（1）损失金额超过总计划投资部位的10%，就要出售。

（2）假如你的第一笔交易已经处于亏损状态，那么就不要继续跟进，绝不要摊低损失的头寸。

（3）绝不能为了平摊损失，来减少持仓均价，没有目的进行补仓，这是极其不可取的。

（4）卖出损失头寸，持有盈利的部位。

2. 利弗摩尔时间止损点

（1）当发现所购买的股票选错了方向的时候，即便不下挫，也要马上止损。

（2）当发现股票破位、主力出货或出现利弗摩尔危险信号的时候，应该立即止损。由于时间止损要比价格止损更加重要，它能够减少损失的幅度，为股票操作赢得时机。

（3）有些股票的价格可能长时间停留在一个价位上运行，假如你死守它，那么这跟被套住了没有任何区别，就犹如商家进了货卖不出去似的，难以带来盈利，反而占用了运营资金的成本，导致你无钱进更好的货。

总之，投机者应该学习如何控制亏损，包括每笔交易、每天与整体账户的亏损在内。若不能做到此点，最终会遭受巨大的亏损，甚至会导致破产。

八、控制好交易，管理好资金

利弗摩尔说，每一次交易之前，都应该要有详细的研究计划，分析各种条件是否有利于自己的交易方向，如何分布资金，出现意外情况时如何退出。这样才能减少盲目交易，使每次交易都能获得丰厚回报。

他认为，交易就是理性跟感性的抗争。交易必须要有理性的计划。股票市场从不是那么平静的。它在大多数时间里是为了蒙蔽很大部分投资者而设计的。在股票市场上主要有两种情绪：希望和恐惧，希望往往是因贪婪而产生的。而恐惧往往是因无知而产生的。尽管你能够赢一场赛马，然而你是不可能赢所有的赛马。你能够在一只股票上赚钱，然而你是不可能在任何时候都能够从华尔街上赚到钱，这无论对任何人而言都是不可能的。

他还告诫投机者：如果没有自律、明确的方法以及简单易行的计划，那么便会陷入情感的陷阱。因为没有计划的投机者就好像是没有明确的战略，如此一来成了没有可行的作战方案的将军。没有明确计划的投机者仅仅能算是投机，这样终究会有一天"中箭落马"，也会在股市中遭受巨大的损失。实际上，大多数投资者在一天里都没有处理最重要的事情的计划。这就如同战场上的一个将军，他所率领队伍的生命取决于他那周密的计划，取决于对此计划的执行，同样，在股市中没有错误与漫不经心的余地。

在你成功操作之前，你应该有一个明确的方法，并要坚持这一方法。在进入股市进行投机之前，每个投机者都应该制订一个周密的战斗计划。利弗摩尔还谈到自己的体会：

"必须控制好自己的交易，管理好自己的资金。在买入股票时必须分几次购买，并且每次仅仅购买一定的比例。假如我在某种情况下买入一只我看好的股票，然而它并未按我所希望的那样表现，对我而言，这就是抛售这只股票的有力证据，假如这只股票后来上扬了，我也不会责怪自己，也没有任何什么痛苦的想法。后来我在实际操作中提出了自己的理论，这一理论是强调资金占有时间在股市操作中的重要作用。

"我喜欢将操作股票比作玩扑克——对我而言，操作股票就像玩扑克和玩桥牌一样：每手牌都想要赢，这就是人的本性，在投资者管理自己的资金的时候，这种'总想赢'的希望就是他最大的敌人，它最终会给他带来灾难。我有过这样的体会，在我早期的交易生涯中，它很多次给我带来的是破产与灾难。在股票市场上，时间并不是金钱，时间就是时间，但金钱就是金钱。

"不要亏了你所有的本钱。一个没有资金的投机者就好比是一个没有存货的商店老板。资金就是投机者的存货，就是他的生命线，就是他最好的朋友。如果没有它，你根本就无法做生意。因此，不能丢掉你的资金！"

不管是否能够赚钱，投机者都应该有严格的纪律，应该遵守资金管理计划。在股票市场上，连续亏损是非常正常的现象。不要过度地反应，也不能气馁。只要严格地遵守计划，确实降低交易规模。连续获利也不能影响制定的操作纪律，不要因为骄傲而自满，一定要按照制订的计划行事，不要乱了自己的步调。

在资金管理计划之内制定这些规范并不困难，关键在于你是否能够切实地执行。你不能随便地设定一些数字作为限制。你应该坐下来认真地思考，考虑自己的资本到底能承受多大风险。你的结论可能是：每一笔交易最多亏损 1000 美元，一天最多亏损 2000 美元，假如亏损累积达 2万美元，就应该停止操作一个星期。资本规模越小，更应该遵守这方面的规范，由于资本小的投机者最容易破产。大多资本小的投机者认为，其资本规模太小，很难采用资金管理计划，因此干脆不管它。必须注意，不管是资本小或资本大的投机者，资金管理计划均是适用的。

第三章　安德烈·布殊控仓的秘诀

人物简介

安德烈·布殊（Andelie Bushu）是瑞士人，是交易冠军、世界纪录保持者。1987 年，安德烈·布殊用他的经验和方法参加了由 BEVERLY HILL 交易协会举办的著名的"美国交易冠军杯"大赛，以 5000 美元的投资额开始，4 个月时间里实现了 45.38 倍的投资回报率，这个纪录维持至今无人打破。

交易策略和理论：期货市场最佳的投机机会就是找到市场的大趋势和转势的时刻。安德烈·布殊设计出程序化电脑交易方式。

具体做法：安德烈·布殊基本上以技术分析为主，简称"阿尔法 BRAVO"。常用的分析指标有移动平均线再配合强弱指标 RSI。

对交易工具的看法：具有极强操作性的操盘系统公式。

控仓名言：只有控制好资金的波动，才能解决投资者的心理波动。资金管理就是要严格控制仓位。

一、安德烈·布殊的资金管理方法

安德烈·布殊说过：在你学会应用合理的资金管理之前，你只是一个微不足道的投机客，你永远都抓不住期货交易的魔戒，一会儿在这里赚钱，一会儿又在那里赔钱，永远都不会赚到钱。只有你完全掌握了资金管理的技巧之后，你才能够成为真正的大赢家，建立起巨大的财富。

资金管理是期货操作过程中最关键的一环。成功的资金管理就是期货交易获胜的最大保证。假如要长久地立于不败之地，资金管理是最重要的部分。由于期货与股票不一样，它是用少量的资金去获得高额利润的机会，因此市场价格波动频繁，存在很大的不确定性，假如资金管理不好，极有可能没有机会挽救，这就是做期货最要命的地方。因此，学会应用资金管理，正好增加了交易者生存下去和赚钱的机会。

安德烈·布殊在交易策略中，也有一套资金管理方法。他的资金根据计算机系统给出的信号，运用明确的资金管理策略。下面则是安德烈·布殊关于资金控制方法的经验之谈：

第一条原则，你必须要有一个科学明智的资金管理方法，一般我们会讨论用百分之几的资金来作为保证金？拿出多少钱去承担风险？

由于运用止损措施，因此我们必须明白自己冒了多大的风险。在交易过程中，安德烈·布殊会运用三种方法：正常方法、积极方法以及保守方法。

所谓正常方法，是指当市场情况一切正常，安德烈·布殊会拿出5%的资金来承担风险，例如，账户上有10万美元，便拿出5000美元，如果每次损失控制在600美元以内，就可以赔8次。换言之，安德烈·布殊每次下止损单的时候，假如只允许赔600美元的话，可以有8次进场的机会。

按照安德烈·布殊的原则，假如账户损失5%，只剩下95000美元，就变成了保守账户。一个保守账户只用2.5%的资金来承担风险，一直到资金总额恢复原先的10万美元。必须记住，假如你很久都没赚到大钱的话，那尽管不太妙，然而你依然"活"着。假如赔光了，那你就彻底完蛋了，所有一切全都结束了。

要想获利的话，交易者就必须要冒险，风险大小依照资金数额来确定。例如，有 10 万美元，只拿出 5%，赚了 5000 美元的话，那么就能够变成积极性账户。目前，你能够动用的钱等于 6% 的资金加 20% 利润，即 100000 × 6% + 5000 × 20%，等于 7000 美元了。每赚 5% 的时候，就增加 1% 当作积极性的支配资金，例如，客户赚到 13 万美元的时候，10% 账户金额 + 20% 利润 = 13 万 × 10% + 3 万 × 20% = 19000 美元，13 万美元中拿出 1.9 万美元，这样我们就能有 30 多次的进场机会了，目前客户所冒的风险只由他的利润来承担了，并不是本金。

1987 年，安德烈·布殊赢得世界冠军，就是运用这种方法。他是在 1 月 2 日拿到客户的 200 万美元，然后用自己的理论系统操作了 12 个月，获得了 20 倍的利润。为此要特别提到的是，安德烈·布殊第一个月损失了 18%。由于开始之初就处于劣势，于是他将账户调整为保守模式，操作起来很闷。当他打平时，便转向积极的模式，交易额继续增大，由于为积累的利润能够使他加码更多的头寸，因此增长越来越快。这条原则告诉大家有三种处理资金的态度。

第二条原则，资金管理的比例需要前后保持一致，在同样时段用相同的比例，由于交易是一项投资与事业性的决策，这能够帮助我们比较容易地生存下来。如果你是一个很差劲的交易者，然而只要你一直保持只赔 2% 的限度，你就能够生存很长时间。安德烈·布殊另外常用的一条原则是：假如任何一个账户亏损超过 25%，就要停止交易。他从来没有停止过任何一个账户。并不是说这种管理模式能够对交易者的资金获得百分百的保障，最重要的就是，它让你认识到你现在处事的方法是正确的，决策是正确的。

实际上资金管理就是指资金的分配的问题。其中包括交易组合的设计、多样化的安排、在各个市场上应该分配多少资金去交易或者冒险、止损指令的用法、报偿—风险比的权衡，在经历了成功阶段或者挫折阶段以后分别采用什么样措施以及选择保守稳健的交易方式还是大胆积极的方式等方面。

　　安德烈·布殊的风险控制方法的设计思路是根据最基本的资金变化，看似其貌不扬，实际上实用性极强。参与期货交易需要一种激情，每个人选择的风险度必须要以不影响自己的思维是最好的，无论何时，都要使自己的大脑保持清醒活跃状态。

二、资金管理好坏决定生死存亡

　　安德烈·布殊说，资金管理是交易员的重中之重。假如把期货交易视为投机，均分为若干份的风险必然小于一次性的风险。不过，许多人说，期货对他来说是艺术而不是投机，岂不知这仅仅是技术高低的问题。如果将资本分成 10 份，运用其中的 1 份至 3 份，进行顺应市场的交易，那么不会处于被动挨打的境地。

　　资金管理不正确导致的损失：期货交易因资金杠杆会将风险和收益同时放大，因此操作中资金管理特别重要，资金管理的重要性不次于对趋势的判断，有很多时候我们判断后市行情走势正确，结果却是赔钱的，这则是资金管理的问题。所谓资金管理就要严格控制仓位，假如不严格控制仓位，一旦开仓之后仓位过重或者满仓操作，期价在随机波动之中，可能几十点的波动就会导致保证金不足，意外止损或者爆仓，这对以后的交易心态会带来很恶劣的影响。因此严格控制仓位是交易者资金管理中最重要的一环，也是要严格遵守的纪律。每次应该严格控制开仓的数量不超过可运用保证金的1/3。通常来说，我们无法把握最精确的趋势转折点也就是最好介入点，而当一个趋势转折点发生时通常会有大量止损盘集中出局，会导致期价短期内向相反方向剧烈波动，也正是这时候，尽管交易者对方向、趋势做出的判断是对的，也会由于仓位过重、过满而导致保证金不足而意外止损，可是，如此的损失是十分可惜的。假如当时的资金管理方案正确有效，也就是说仓位轻一点，就不可能出现这种意外，是因为信息出现的随机性与不可预测性是价格波动的根源，所以，价格的波动也是有着随机性的，这种随机波动尽管不影响大的趋势，然而在短期内走出与开仓方向相反的走势，从技术分析上也能够看出，这是一波假突破走势，幅度不一定很大，也就是几十个点，但是对于账户仓位较重的交易者来讲，开仓保证金出现亏损的时候，账户内一定要有资金补足，否则的话就会被强制平仓。此外，正确有效地控制仓位有利于调节交易者的交易心态、持仓心态，可以有效避免由于账户保证金的剧烈波动而导致过重的心理负担。

交易者所有的心理波动均是来自资金的波动，由于资金波动从而造成心理的波动，只要控制好资金波动，就能够解决交易者的心理波动。

安德烈·布殊还认为，当交易不顺利的时候，可以减量操作；当交易逐渐进入佳境时，增量操作。如果你持有的头寸出现操作，解决的方法实际上很简单，就是退场观望。

形成一个能够盈利的交易系统之后，交易者往往需要一个科学规范的资金管理策略，由于资金管理是继交易方法以后能否大幅盈利的关键。可是，什么样的资金管理才能适合我们，不妨借鉴一下交易大师的做法。

1. 盈利时正确加码，损失时立即平仓

尽管相同的交易系统，由不同的交易者执行，资金曲线也可能大不一样，其中微妙之处，就是在于谁能做到"盈利时正确加码，损失时立即平仓"，下面有正反两个例子：

（1）正确的时候就要金字塔加码。

首先让我们跟随大作手杰西·利弗摩尔（回忆一下他在棉花上的交易经历，他说："如果我已经决定买进4万~5万包棉花……若最小阻力线出现多头趋势，我便会买入1万包。我买进以后，假如市场比我当初买入的价格上涨10点的话，我便会再买入1万包。接着是同样的做法，假如我能盈利 20 点，或是每包赚 1 美元的话，我便会再买入 2 万包……然而，若再买入 1 万包或者 2 万包以后，出现了损失，那我便会退场。此点详细地说明了我自己所谓的下注方法，只有当你赢的时候才下大注，或是输的时候只损失一笔试探性的小赌金，要证明这么做非常明智，似乎只是一个简单的算术问题。"后来此做法演变为著名的金字塔加码。

期货交易大师斯坦利·克罗向大家生动地展示了一个错误例子做法："我建议未来几个月交易可可豆，当时可可豆的价位在 12 美元左右，我预测会上升到 20 美元左右。我们做对了，几个月之内，可可豆的确上涨到 22 美元。这次交易我赚了一些钱。至于其他的人呢？的确可怜，前后六个月之内他们亏损了大约 20 万美元。怎么会有这种事？原来他们一直非常谨慎，价格从 12~15 美元途中，逐渐提高金额。非常不幸他们的仓位像是倒金字塔，遭遇第一次回调，账户就产生巨大的亏损。他们非常恐慌，急忙平掉了整个头寸。假如这还不算糊涂的话，后来他们更犯了一个重大的大忌。清掉多头头寸之后，他们推断能够利用眼前的一波下跌走势，将刚发生的巨大损失捞一些回来，因此做空。当市场恢复涨势的时候，空头头寸又一次将他们搞得灰头土脸。"

（2）连续损失时减量或者停止交易。

海龟派的创始人理查·丹尼斯强调了损失时负面情绪的影响。他在回忆自己早期一单就损失 1/3 的痛苦交易时说："我学到不要为挽回损失而加码，此外，我也知道当自己遭遇巨大损失时，情绪会受到很大的影响，并造成判断失误。所以，在遭受巨大的损失时，必须隔一段时间再考虑下一笔交易。"

期货交易传奇人物保罗·都德·琼斯还告诉大家止损的重要性："当交易不顺利的时候，可以减量操作；当交易逐渐进入佳境时，增量操作。如果你持有的头寸出现操作，解决的方法实际上很简单，就是退场观望。"

他说："在操作的时候，我不但用价格止损点，而且还应用时间止损点。假如我认为市场应该有所变动，然而实际上却没有，我往往会马上退场，尽管没有亏损也是如此。"

而同样期货交易超级巨星布鲁斯·柯凡纳还提示大家分散投资的重要性："一是我会尽可能将每笔交易的风险控制在投资组合价值的 1% 之下；二是我会研究每笔交易的相关性，进一步减少风险。如果你持有八项相关性很高的头寸，这等同于从事一笔规模与风险为原先八倍大的交易。"谈及止损时，他讲道："每当我入市时，总是会预先设置止损价位，这是唯一让我能够安心睡着的方法。"

柯凡纳的引路人麦克·马科斯提醒大家要注意交易系统的反向作用："商品市场确实有变化。跟随大市的交易策略已经行不通，由于一旦你发现趋势而入场时，其他人也会马上跟进，结果形成市场上完全没有后续支撑力的现象，从而造成市场行情呈反向变动。"

马科斯的导师艾德·赛柯塔则要大家注意市场的周期性变化："交易系统表现优劣也有它的周期可循，交易系统表现很好的时候，肯定会大为风行，但是当应用人数大增时，市场趋势就会变得起伏不定，造成交易系统无用武之地，于是应用的人数一定会减少，而这又促使市场行情再次恢复到可以应用交易系统掌握其脉络的地步。"

2. 确定风险，配置仓位

这里介绍一个最常用的风险控制和仓位确定方法，通过它大家会懂得，风险并不是与仓位形成简单线性关系，实际上，假如止损空间大，小仓位也有很大的风险；相反地，止损空间小，重仓甚至满仓的风险也不大。

（1）一个参考标准——单笔不要损失超过 2%，当月不要损失超过 6%。

亚历山大·埃尔德是一位知名的交易培训师，同时也是一个成功的期货交易者，他提出了 2% 与 6% 的风险控制标准。所谓 2% 就是要杜绝任何单笔亏损超过账户金额的 2%，假如一笔交易所暴露的资金风险超过了这个限制，则宁愿放弃这次交易机会。所谓 6% 就是指若当月亏损额度超过了月初账户水平的6%时，就会停止交易，等待下一个月再重新开始。不过，具体的风险标准因人而异，然而考虑到随着损失比例的增大，回本的难度将会呈几何级上涨，所以标准不应太过宽松。

（2）一个简单的仓位换算方法。

交易培训师范·K.撒普提出了四种仓位确定方法，而且以海龟的55/21突破系统为例做出了对比示范，他很推崇第三种。

这里直接引用撒普以IBM股票所举的例子：如果当前价是141美元，止损价是137美元，相应风险是4美元，假如账户总值是5000美元，按照2.5%的风控水平，那么头寸应该是（5000×2.5%）/4 = 31.25股，仓位将高达88%，而若止损价设为下跌1美元至140美元便退出，那么头寸将变为（5000×2.5%）/1 = 125股，此时就会满仓。

此方法有几个优点：仓位控制与账户的风险承受能力进行挂钩，风险空间既能够设为每次1%，也能够设为每次2%，止损越小，仓位越小；仓位控制也与交易系统进行挂钩，交易系统的止损空间越小，仓位越大，回报也越高；可以做到获利的时候放大仓位，赔钱时减小仓位，以每次2.5%的标准为例子，账户为5000美元，只允许有125美元的风险空间；当账户获利后增加到8000美元时，每次风险空间就会提高到200美元；而账户赔钱后缩水到4000美元时，每次风险空间也相应地减少到100美元。

知名期货短线操作高手拉瑞·威廉姆斯也认为资金管理才是重中之重，他在剖析了凯利公式的缺陷并且比较两种改良方法之后，最后还是选择了与撒普一样的仓位确定方法，并认为这个方法最好地兼顾了简化和优化。

（3）最关键的要点——把仓位控制与交易系统融为一体。

资金管理的好坏与否取决于它与交易系统的匹配程度，一旦确定了资金管理方法，获利多少就完全取决于系统的优劣，如果上述2%的单笔亏损控制，若系统的盈亏比为5:1，那么止损为1，获利空间为5，冒2%

的风险获取 10% 的回报，对于系统的长期回报来说，还要看一段时间内交易机会的多少。

（4）必须知道的两个特殊情况——震荡等待突破，暴利适当了结。

现在大家已经知道，进出场由交易系统所决定，而仓位就由资金管理方法所决定，然而还有两个特殊情况需要特殊处理：第一，震荡期停止交易等待突破，具体可以参考大作手利弗摩尔在回忆录中讲到的棉花和小麦两次交易以及克罗后来提出的以反趋势交易的方式来应对震荡行情；第二，快速行情造成利润暴增时适当了结，极端的动量推动不可能继续很久，所以适当了结能够避免行情回落时的大幅获利回吐。

三、通用的资金管理要领

安德烈·布殊认为，期货交易就是一场不见血的战争，要想获得战争的胜利，就应该通晓战争的艺术——以强击弱，以大胜小。在拥有很好的交易系统，并且能够依照系统进行操作，严格遵守交易纪律以后，资金管理的艺术将会成为成败的关键！他这样详细叙述道：

我曾经在一家大型经纪公司的研究部门供职许多年。离开之后，我难免会转向了资金管理这一行。我立即就发现，在为他人谋划交易对策与亲自实践这些方案之间，存在着很大的差异。让我感到很意外的是，在这一个工作转换中，最难的地方并不是在于市场策略这一方面。我分析市场和确定入市、离市点的方式前后并没有太大不一样。真正的变化则是我对资金管理的重要性的体验。我非常惊讶，例如，资金账户的大小、交易组合的搭配以及在每笔交易中的金额配置等很多问题，竟然都可以影响到最后的交易业绩。

直截了当来说，我坚决地信奉资金管理的重要性。在我们这个行业，处处都是顾问公司、咨询服务，滔滔不绝地指点客户买卖什么对象、什么时候去买卖等，然而几乎没人告诉大家，在每笔交易当中，应该注入多少资本。

由此交易者认为，在交易模式中，资金管理是非常重要的部分，甚至比交易方法本身更重要。我也这样想的，我可能尚未走得那么远，而我坚信，假如要长久地立于不败之地，那么就应该少不了它。资金管理所解决的问题是关系我们在期货市场的生死存亡。它告诉交易者如何掌管好自己的财富。对于成功的交易者来说，谁笑到最后，谁就笑得最好。资金管理正好增加了交易者生存下去的机会。

我们应该承认，关于交易组合的管理问题可以弄得很复杂，甚至必须借助复杂的统计学方法才能说得清楚。我在这里只是打算在相对简单的水平上讨论这个问题。以下是我罗列了一些通用的要领，对大家进行资金分配以及决定每笔交易应该注入的资金等工作可能有所帮助。

（1）总投资额应该限制在全部资金的50%之内。余额可以投入短期政府债券。也就是说，无论什么时候，交易者投入市场的资金都不应超过他的总资金的一半。剩下的一半就是储备，用来保证在交易不顺利时或者临时支用时有备无患。例如，你的账户的总金额为200万美元，则其中只有100万美元可以动用，投入到交易当中去。

（2）在任何单一的市场上所投入的总资金应该限制在总资金的10%至15%之内。所以，对于一个200万美元的账户来说，在任何单一的市场上，最多只能投入20万~30万美元当作保证金存款。这个措施能够防止交易者在一个市场上注入过多的资金，从而避免在"一棵树上吊死"的危险。

（3）在任何单一市场上的最大总损失金额必须限制在总资金的5%之内。这个5%是指交易者在交易失败的情况下，将承受的最大损失。在我们决定应当做多少张合约的交易，以及应当将止损指令设置在多远以外时，这一点是我们很重要的出发点。所以，对于200万美元的账户来说，可以在单一市场上冒险的资金不超过 10 万美元。

（4）在任何一个市场种类上所投入的保证金总额应该限制在总资金的
20%至 25%。这一条其目的，是为了防止交易者在某一类市场中陷入过
多的资金。同一种类的市场，通常步调一致。例如，金市与银市是贵金
属市场种类中的两个成员，它们往往处于一致的趋势下。假如你将全部
资金头寸注入同一种类的各个市场，那么你就违背了多样化的风险分散
原则。所以，你必须控制投入同一商品种类的资金总额。

上面的要领在期货行业中是非常通行的，当然你也可以对它们进行
修正，来适应各自的具体需要。有的交易者更大胆进取，通常持有较大
的头寸。也有些交易者比较保守稳健。这里的重要用心就在于，你应该
采取适当的多样化的投资形式，未雨绸缪，防备损失阶段的降临，来保
护宝贵的资金。

四、在资金管理方面上新手常犯的错误

安德烈·布殊说，无论在任何行业当中，你总是可以区分出新手与老
手，期货市场在这点上没有什么不一样。在资金管理方面，一些很重要
的教训以及新手在初期经常所犯的错误可以分为如下几类：

一是对利润目标、最大损失以及整体战略，头脑中没有明确的交易
计划。

每个人都想获利，这是非常明显的事情，然而大多数交易者是如何
进入市场的，你可能就不懂得了。交易者一旦入市，要做的第一件事就
是下一个止损指令——不一定是现实中的止损单，然而至少在头脑中有
一个明确的止损价位。交易者必须知道自己在一项交易上愿意亏损的绝
对数额；接着只要行情不如意，就要立即下张止损单来保护自己的头寸。

例如，9月原油的市场行情每变化一个点，它的价值都是10美元。

我是如何了解到的呢？非常简单，我是查询到的，因此你也可以。所有期货品种都有一个每点价值或者每单位价值（一个单位就是指交易某期货合约时其价格变动的最小可能值），这个价值就称为乘数。例如，原油的每点价值为10美元。每个品种的乘数都是不一样的。糖为每点11.50美元，棉花为每点5美元等。我们再回到原油，必须记住它的乘数是每点或者每美分10美元。对"每美分"觉得迷惑吗？不要这样。试想一下：原油是按照美元和美分来计价交易的，因此如果你多头（已经买入）的价位为72.08美元，接着行情上涨到了72.09美元，你就能够赚到10美元；假如行情上涨到了72.10美元，你就能够赚到20美元，依此类推。所以，假如你多头价位为72.08美元，并且想要将亏损控制在500美元以内，你的止损价位就必须设置为71.58美元（比原价低0.50美元）。非常简单，是不是？

二是有利润却不拿。

很多交易者都会犯这样的错误：有利润却不拿，变得十分贪婪。在我看来，这第二个错误最为严重。当机会来临的时候，为何你会不拿走利润呢？也就是说，假如原油市场的行情上涨到了72.58美元，你每桶就能获得0.50美元的利润，总利润为500美元（原油期货每手为1000桶）。这时你就可以退场，同时还可以拿走你的利润，之后当另一个时机出现时再杀回来。可是很多时候交易者都不会这么做。现实是，很多人一直持仓到行情逆转，接着由于损失过大而被迫平仓。要想不惜一切代价避免这种情况，你就应该从一开始就制定好目标，该收获时就出手，不要变得贪婪。

另一种做法就是，假如你有好几张合约的话，先是平掉其中一张，接着持有其余的仓位。换言之，假如你是多头，买入两张合约，当市场行情开始上涨的时候，你就可以卖出其中一张；接着当行情如你所期望上涨得更高时，你就可以卖出另一张。一个更明智的做法是，采用保护性的止损指令，随着市场行情的上升，不断地把止损价位提高。最后止损价位将会高于你当初进入时的价位，然后尽管市场行情逆转，你也很有可能在盈利或者损失最小的状态下退出。

因此，假如你正以 75.00 美元的价位持仓两张 12 月原油的期货合约，则在市场涨到 75.50 美元时卖出第一张合约，你就赚取 500 美元。如果市场持续涨到 76.00 美元，你就可以卖出第二张合约，再赚取 1000 美元。

三是不随行情移动止损价位来保护利润。

我们以一个糖的交易举例来说明。例如，说我们以 15.44 美元买入一张 10 月糖的期货合约，之后将卖出止损单的价位定为低于市价的 15.00 美元。接着市场行情上涨到了 15.95 美元。现在最明智的策略是，把止损价位从 15.00 美元提高到我们的进入点或是盈亏平衡点：15.44 美元。换句话来说，在此交易中我们至少会不赚不赔。接下来，假如市场行情上涨得更高，就能够再次移动止损价位，如此一来我们就几乎能保证获利了。此行为被叫作跟踪止损，由于它跟在我们交易的后面，并且随着交易行情的变化而移动。这就是很明智的交易。必须掌握它，并且运用它。

四是任凭损失扩大，追逐短期的蝇头小利。

这就是新手们犯的非常严重错误之一（也是我从早期进入市场时从大量痛苦的经验中得出的结论）。我记得刚出道的时候在交易池里工作那段时间就曾经赌过一把，期望我的美元指数头寸能够逆转颓势；然而这种事极少发生。一厢情愿并不是一个很好的交易策略，只有自律才是。没有一个考虑完善的计划，而且没有严格的交易规则，这样去赌一定会失败。

一般说来，特别是新手们，在受到沉重打击以后都会变得过于谨慎。他们只采用薄利策略，尽管这些微小的收益可能会变成完全弥补他们所有损失的巨大利润——如果他们再有一点耐心的话。

我目前发现许多交易者依然倾向于任凭亏损扩大，而不是依照自己所知道正确的步骤去操作，退出头寸并且重新评估。像这样交易者们非常普遍，他们想当然地期望市场会转到他们希望的方向，而这简直是不可能的。亏损中的交易者通常活在错误的期望当中，认为市场会回探而让他们保本。刚好相反，这种心态实际上会得到反面的结果，造成更大的亏损。市场就是这么残酷的，它们极少会折返或回探以让你解套。所有这一切实际上都可以极易地避免或者处理。你只需要加强自律，更重要的就是，事先下好止损单，来防止亏损过大而致使账户被冻结。同样重要的就是，要制订一个在某特定价位上平仓获利的计划，之后坚决地执行它。

五、必须控制你的亏损，让获利的头寸继续发展

安德烈·布殊认为，必须控制你的亏损，让获利的头寸继续发展。他有这样的体会：

在这个行业当中，最难学的并且最重要的技巧之一就是利润和亏损管理。这属于自律的范畴，然而实施起来属于最难的一种，由于没有人愿意接受亏损；它违反了我们的天性。但是，我们必须做出改变。让我先给你打好预防针：亏损是交易的一部分。尽管非常幸运，亏损只占到我交易生涯中极小的一部分，然而我毕竟遭受过亏损。实际上，我已经把自己交易生涯早期的一些亏损当作反面教材，教导自己哪些事不应该去做。

这时我想起了一笔特殊的交易。那时候我还是个新手，在自己仅仅可以承担1份棉花合约时，却做空了3份合约。我自不量力，并且进入的是一个自己还不太了解的市场。更坏的是，我没有认识到棉花作物报告会在当日早上发布，当我发现此问题的时候，还没有来得及平掉仓位，报告便发布了，但我的头寸也烧焦了。棉市行情快速攀升到涨停，这就意味着，在一段时间以内价格不能再动了，至少不会立即。如此一来，

我的处境就成了：过大重仓，进入的是一个还没有适应的市场，并且行情极度看涨。这样三大打击集于一身！我违背了自己的规则，所以被套在一个损失的头寸上，简直就是无路可逃。幸运的是，我的好友建议我运用价差交易脱身，我按照这样做了，从而减少了一部分亏损。然而，这一段小插曲教育了我：在期货市场中必须要多加小心。

根据一些统计数字表明，65%的商品期货交易者最后会成为输家，而在期权交易者当中，这一比例更高了。我相信此说法，由于很多人只是在盲目地进行操作，不仅没有自律，而且还没有计划。然而，这些百分比对我而言意义不大。为了说明其原因，我可以向大家介绍一下自己的情况：我每年做十二笔交易，每个月为一笔。在这十二笔交易中，有十笔是亏损的，两笔是赚钱的，则一年下来，我是赚了还是亏了？这个问题是个极小的圈套，由于你需要知道更多的信息才能回答。这么一看，你也许会回答说我赔钱了，由于我赔了十笔，而只赚了两笔。没错，从理论上来讲，在我平掉的仓位中确实亏损的交易比获利的要多。

然而，让我来补充一点。如果那十笔赔钱的是玉米交易，平均每笔只亏损了大约200美元，总共亏损大概是2000美元，再加之佣金。这样我当年的总亏损可以计为3000美元。现在我们再看看获利的那两笔。如果我那两笔是原油交易，买入的价位为每桶65美元，然后原油期货上涨到每桶75美元。这样每份合约便有10美元的点数涨幅，利润极其可观。仅仅是这两笔交易，我就每笔获得10000美元利润，总共达到20000美元利润，再除掉佣金。如此一进一出，一年下来我的利润是极其可观的。

在进行期货操作的时候，眼观全局永远是很重要的，千万不要坐井观天。亏损是可以允许的，然而要让它保持在尽量小的范围之内。要想做到这一点，还是老方法：保持自律，避免贪婪。当你的头寸处于获利状态时，让它持续发展，然而不要贪心——只需要静观行情的走势；当它的势头慢下来的时候，立即套现离场。特别需要注意的是，千万不要对自己的进入或离市点感到后悔。我听过很多交易者这样感叹，"我起初要是持仓再久一点就好了，我应当再等一等才出手的……"假如你决定要套现或者限制亏损，那么这就是对的决定；一旦你执行了决定，就应该继续去做别的事。不要再考虑它，不要再将注意力放在上面；选择你的下一笔交易，持续前进。假如你将这一切都运用到每天的交易中，那么你将继续挣到更多的钱，而且你的发达之路将会更加快捷、更加顺畅。

行为金融学的理论基础就是行为心理学与认知心理学，因此要理解行为金融学，应该从心理学范畴开始。行为心理学中与交易行为关联更为密切的理论则是展望理论，这是由普林斯顿大学两位心理学教授Kahneman与Tversky在1979年发展起来的，它完全颠覆了传统的行为学基础。过去我们认为，大家都是厌恶风险的，但是展望理论发现，大家并不总是厌恶风险的。通常的行为模式就是，在获利状态之下，人们是厌恶风险的，但是在损失状态之下，人们则表现为风险喜好。这十分奇怪，没有人关注到人类在获利和损失的不同状态之下所采用的不同态度。

展望理论就会反映在人的各种行为之中。反映在交易行为之中，就是所谓的"处置效应"，即大家倾向于抛出获利的品种，而持有损失的头寸。例如，涉及获利和损失的概念，大家就应该有一个基准，这个基准则是你的投入。假如你以你的总财富为基础来衡量你的投资，则我们叫作"财富框架"。假如你以单次的交易行为来衡量你的交易，那么你在采取"损益框架"。很明显，一次交易相对于你的总财富来说，规模相对比较小，你也会表现得更接近风险中性；然而一旦你把眼光只局限于单次赌博或交易行为，你将表现出明显的风险厌恶！而实际上，它们是完全相同的，不同的仅在于你的眼光和思维方式！这则是框架效应。

据此，我们能够发现人的交易行为中存在着太多的心理和认知特征，例如，过度自信、表征推断等。能够肯定的是，处置效应是交易者在交易行为中表现得最为明显的行为缺陷，这种缺陷会让交易者付出代价。这就是为何市场上总是70%的交易者亏损的真实原因。

所以，行为金融学间接给大家一个启示：大部分人的行为都存在着系统性缺陷。假如我们要避免陷入这种系统性缺陷，就应该研究这些缺陷，之后避免这些问题。如果我们知道，处置效应正是人们发生损失的原因：卖掉获利头寸而保留损失头寸。而正确的做法就是：卖掉损失的头寸，而保留获利的头寸。这对应于我们所说的两条交易铁律：截断损失；从而让利润去奔跑。只有这样，你才可能成为市场的"盈"家。

六、安德烈·布殊设置限价单和止损单的技巧

期货交易在下单以前，交易者应该充分地分析他即将要建立的仓位。然而很多人并没有制订详尽的行动计划，而是依据猜测和感觉行事。这种心理状态可能会造成交易者迅速地损失一大笔钱。如何才能避免这种情况？通过详细的分析和计划，包括在哪里设立止损和限价，交易者能够将亏损减少到最小，并且让利润滚存。

下面是安德烈·布殊设置限价单和止损单的技巧：

现在让大家讨论一下限价单与止损单的设立，也是一种最难掌握的技巧。

止损单，我感到这个名字不太准确，由于有时它的作用并不是止损，什么叫止损单呢？你必须要仔细听明白，止损单的意思就是，当市场价位触及止损价位的时候，它便变成一张市价单。举一个例子来说明，屏幕上显示的则是黄金价位走势图，这里的价格为 392 美元，你拿起电话说"沽"，你会用什么价格沽出呢？限价单的定义就是以最优价格成交，如果你在 392 美元沽黄金，那你肯定要在 392 美元以上沽掉，不会少的。你可以在 390 美元处设立一个限价止损单，当经纪人看见这个指令的时候，他只可以在 390 美元或者以上的价格沽售，换言之在 390 美元处反弹上去，他肯定会将你的货沽出，假如价位跌破 390 美元，那他也只能

以 390 美元价位沽出，由于你设立了限价。假如你只是简单地下一个止损，那么在市场拿到什么价就是什么价。假如在 390 美元处下一个 STOP，之后回家。如果明天黄金开市价为 385 美元，会如何？经纪人会以 385 美元卖出的，STOP 会变成市价单，由于你的意见是，不管什么价位，都以正在交易的价位成交。如果几秒钟内跌了太多的话，下跌到你的限价之后，你将会以更低的价格沽出，然而一定能够沽售掉。换了限价单在另一种情况之下，如果开市为 385 美元，你并不一定能够沽售掉，由于它跌过你的限价，你就沽不成了。假如 STOP 是用来保障你的话，你不可以用限价，你必须要在市场有问题的时候沽出，那么成交价会比你想象的要低，如果价格下跌到最低然后再反弹上来，你也是没办法了。然而如果你不这样做，迟早会完蛋。

总结一下这两种单：第一种是 STOP LIMIT，STOP 是在执行的时候变成市价单的一种。STOP LIMIT 是只在那一点或者以上的价位才成交的。STOP ORDER 并不单纯是一个止损单，它也能够进行一次新的交易，如果市场跌破了这条趋势线的话，我想要沽售，我可能会在 1.6 处设立一个 STOP ORDER，你可以运用 STOP ORDER 做新单或者加码，假如想在这里多买入几张，你可以运用 STOP ORDER 买入新单。如果你设置了 STOP ORDER，经纪人不知道你到底想如何，他只知道，如果 STOP ORDER 上的价位被触及的话，他必须要执行，似乎有一点很明显，假如很多 STOP 设在这一点，有人会在你之前沽出，然而碰了你的单之后立即买回来，因此，我不运用 STOP，我不会在明显转势之处设立 STOP，问题出现了，到底我们应该在何处用 STOP？我会运用两种 STOP ORDER，一种称作急用 STOP ORDER，另一种称作功能 STOP ORDER。第一种 STOP ORDER 限制我的损失不超过 1000 美元，我的计算机会立即打出所有损失超过 800 美元的单子，我只是要看看这些单有什么不妥的地方，我会责问经理人为什么仍然持亏损单在手，我就会命令他下一张止损单，否则的话就平仓了事。我不喜欢超过 1000 美元的损失，如果我在穿破趋势线之处买进，就是 1.61 这个价位，我会在价位 1.59 处下一张止损单，这样可能会损失两百点，一共为 1000 美元，假如按照这个原则赔了 1000 美元的话，就不能按照原来那样下单了，我会等一等，减少下单数量或是运用时线图找入市点，我并不是盲目地下千元止损单，我会问自己止损点设在哪里是最合适的？我会考虑如何做单才能保证止损有效，这就是我的第一止损单——紧急情况下设立的止损单。实际上我不必告诉你们这些，我并不经常自己下这种止损单，在我的公司设有一个职位称作"砍头者"，由他来下所有的止损单，因此人们表面上看不到也不了解有这些止损单。当价位触及止损点的时候，"砍头者"就将"砍头单"下到市场中去，所以，我们的亏损单都能够砍掉。另一种 STOP 非常复杂。如果你在这时候入市，就会得到一个相反的走势信号，假如你做的是买单，则可以沽出去，原则就是：产生强烈的转向信号时我才做相反的单。有时候你会观察到一个三角形，好像这种朝下的，假如有三角形出现，一旦突破，一定会有大的变化。这个例子中，我会在这里沽售。如果上面的 STOP 失败了，那就是做错了的话，立即平仓。以我的经验来讲：一个不灵验的买卖信号，是一个很好的转向信号，我并不只是平仓，并且还会反仓，操作一些新单。因此，第一种称为 MONEY STOP。

第二种是 CONDITION STOP。也就是说，一种是入市错了，平仓；另一种则是发现错了，反仓。假如做的手数巨大的话，最好不再反仓，特别是咖啡、猪腩、木材等，都不适合反仓，由于它们很容易被吃掉。美国有这样一句俗语："依靠吃 STOP 获得的钱给经纪人买'奔驰'。"

七、期货止损的技巧

安德烈·布殊说，期货交易是高风险、高盈利的交易方式，交易失败在整个投资中将是不可避免的，产生损失不可怕，怕就怕在让风险不断发展下去。我们在建立交易头寸的时候，首先要确定自己能够经得起的损失，能够承担多大的风险。假如实际的亏损达到你准备接受的程度，应当快速认赔，止损退出。止损的目的就是保护自己，将风险控制在有限的范围之内，同时能够保证让盈利继续发展，盈利会照顾好自己。在建立一个头寸前，应该决定各种情况的反应对策。当你的交易头寸得到盈利的时候，就应该让它进一步增长，这就是一个古老的信条。

严格止损是在期货市场生存的第一要领，而且也是一条铁的纪律。之所以这样说，是由于这一纪律执行的好坏直接关系到你自身实力的保存。假如一次判断失误，不立即严格止损，极有可能造成巨大的亏损甚至全军覆没。在这条纪律的执行上，必须要坚决果断、不能等、不能看，更不能抱有侥幸的幻想。

懂得止损的意义固然重要，可是，这并不是最终的结果。实际上，交易者设立了止损而没有执行的例子比比皆是，市场上，被扫地出门的悲剧几乎每天都在上演。止损为什么如此艰难？主要有三个原因：一是侥幸心理作祟。某些交易者虽然也知道趋势上已经破位，然而因为太犹豫了，总是想再等一等、看一看，造成自己错过止损的最佳时机；二是价格频繁的波动会让交易者犹豫不决，经常性错误的止损会给交易者留下挥之不去的记忆，从而动摇交易者下一次止损的决心；三是执行止损就是一件很痛苦的事情，是一个心灵折磨的过程，就是对人性弱点的挑战和考验。

实际上，每次交易我们都很难确定是正确状态还是错误状态，尽管获利了，我们也无法决定是马上出场还是持有观望，更何况是处于被套状态之下。人性追求贪婪的本性会让每个交易者不愿意少赢几个点，更不愿意多赔几个点。

那么，如何去选择止损方式？止损又如何设置？

1. 运用支撑或阻力位止损止盈

也就是买入建仓在支撑位，止盈平仓在阻力位，买进之后跌破支撑位止损，反之亦然。这是期货交易中最经常运用的止损止盈方法，适用于日内、短线、波段以及中长线等全部交易策略。运用这个方法前提条件是，必须准确地、全面地来判断支撑和阻力。

支撑就是指需求集中的区域，即为潜在的买进力道的聚集区，因为这个区域的需求足够强，所以能阻止价格进一步下跌。也可以理解为当价格达到这个区域的时候，显得更便宜，所以买方更加倾向于买进，而卖方则开始惜售，因此需求开始大于供给。

阻力就是指为供给集中的区域，价格达到该区域的时候，将引起卖方力量出现。因为这个区域的卖压足够强，所以能阻止价格进一步上升。当价格达到这个区域的时候，卖方更加愿意卖出，而买方的购入意愿减弱，所以供给大于需求，价格很难继续上涨。

这个方法的优点就是可以让止损和止盈的设置尽可能跟随当时市场的波动；缺点是由于使用者多，所以往往会出现假突破。因此，利用这个方法时，要能够识别陷阱，并且能够在退出市场后，再依照新信号重新入市。

2. 运用资金额进行止损

即在每次入市进行买卖之前，就要明确计划好只输多少点为止损离场。这是很好的资金管理方法的一种，但运用前提是交易者一定要拥有一个胜出率高于60%的模式，同时保证盈利总点数高于止损总点数。例如，一个月交易10次，盈利6次，止损为4次，盈利总额为600点，止损亏掉总额为200点，那么结果一定是赢的。怎样获得这个盈利模式，第一，要能够利用风险报酬比（通常为1∶3）寻找模式；第二，必须对市场运行的波动性质深刻理解；第三，对市场趋势如趋势方向、趋势种类、趋势发展时期加以全面判断。

3. 运用指标进行止损

此指标不是指软件所提供的某个指标，例如 RSI、MACD 等，而是指交易者本身根据价格、量能、时间设计出来的指标，接着按自己的指标进行买卖，当指标不再存在买卖信号，就要马上停止或退出交易。运用指标止损主要运用于程序化交易者中。它的优点是能够克服人性弱点，只要指标没有再做买卖的信号，便没有原因或理由继续留在市场做买卖，要马上止盈或止损，等到下一次机会，然而运用的前提是，交易者必须要确定信号的执行细节，也就是说，事先要了解是依据收盘价作为信号还是以盘中价格作为信号，而大多数交易者在利用指标交易时，是没有考虑这点的，所以造成常常不遵循信号，或亏损严重或错失大好机会。

4. 运用时间进行止损

此方法主要运用于日内超短交易模式中。日内超短模式是指交易者在某个时期或某处位置为了博取几点或几十点的差价，持仓时间少则几秒、多则数分钟的交易模式。至于这种模式，它的交易原理是利用价格在某个因素如外盘影响、盘中支撑位和阻力位的突破与假突破、突发消息等作用下瞬间大幅移动时，顺势或者逆势快进快出赚取利润。其优点是判断正确时可以瞬间获取利润，甚至是超额利润；判断错误的时候，可以不亏损或者有少量利润全身而退。它的缺点是不适合新手，也不适合兼职交易者。由于它要求交易者具备良好的反应能力，要求交易者能够快速评估市场的普遍气氛和潜在方向，要求交易者对市场始终保持高度关注，特别是拥有头寸时。

第四章 理查·丹尼斯控仓的秘诀

人物简介

理查·丹尼斯（Richard Dennis）在美国期货市场里是一位具有传奇色彩的人物，是一个交易系统大师，与江恩、索罗斯并列称为期货界里三个传奇般的英雄人物。

他在期货市场从向家里人借来的1600美元创业，用400美元的交易资金起家，居然创造出2亿美元收益的投资市场新神话。他被人们尊称为"世纪投机大师"。

丹尼斯是海龟派的创始人。在他成功之余亲自培训出来的二十多个学生，成为美国期货市场的一支生力军，管理的资金达到10多亿美元。

交易策略及理论：第一，要顺势买卖，市势显示可靠的趋势是先决条件；第二，要坚守原则；第三，无论以什么分析制度作为买卖基础，必须跟随大市趋向。

具体做法：通常情况下是，丹尼斯会跟随市势的主流趋势买卖，但在自动买卖系统未曾发出平仓信号之前，丹尼斯已经根据自己的直觉先行平仓。

控仓名言：假如逆市买卖，在欠缺严密的资金管理制度下随时可能因一次意外致命。

一、理查·丹尼斯的交易系统

在金融交易的 6 项关键环节——待机、顺势、控仓、止损、持盈、止盈里，交易系统只能解决除"控仓"之外的其余 5 项，却无法解决控仓问题。控仓问题需要单独解决，因为控仓依赖的是人的自我管理，无法被纳入技术性交易系统；只能纳入广义交易系统——即包含仓位控制方案的交易系统。而理查·丹尼斯就是这样包含仓位控制方案的交易系统。

理查·丹尼斯说过，对于特征相同赚钱的交易模式来说，应用机械式系统就是最好的方式。假如你了解自己的系统可以长期赚钱，你便很容易接收信号，而且在亏损期间按系统信号进行操作。假如你在交易过程中依靠自己的判断，你可能会发现刚好应该勇敢的时候你却胆怯，而正好应该胆怯的时候你却勇敢。若你拥有一个能盈利的机械式交易系统，让你虔诚地跟随此系统，则你的交易将会获得盈利，而且系统会帮助你安全地摆脱难免会来自巨大的亏损或是巨额盈利的内心挣扎。

理查·丹尼斯所用的交易系统就是一个完整的交易系统。这是他获得成功的一个主要原因。一个完整的交易系统则是由五个部分所构成的：交易品种、交易头寸的设定、入市、止损以及退场。

1. 交易品种的选择

如何选择交易对象，是期货交易者通常遇到的问题。在很多期货品种之中，交易者应该选择哪些交易品种来作为交易对象。

理查·丹尼斯所选择的交易品种是在美国芝加哥与纽约交易所交易的具有流动性的期货。

丹尼斯用来确定可以进行交易的期货品种的主要标准则是构成市场基础的流动性。

通常情况下，丹尼斯在除谷物和肉类之外美国所有具有流动性的市场进行交易。

丹尼斯说："我们在美国人气非常旺的商品交易所交易期货合约。由于我们交易的规模多达数百万美元，因此我们不能在那些每天仅仅可以交易几百张合约的市场交易，那么就会意味着我们发出的指令能引起市场的大幅波动，最终使得我们不承受巨大的损失就无法进出头寸。我们只能在流动性最好的市场进行交易。"

他认为，期货市场的流动性是关键。对于趋势交易者来说，那些价格波动具有趋势性特征的品种更适合进行交易；反之，通常处于震荡状态、趋势不明朗的品种则不适合。

为何他这样认为呢？

在期货市场里，交易者在进行期货交易之前，首先要选择交易品种，通常情况下，具有流动性很好、成交量大的品种在市场中大受欢迎。其原因有如下两个方面：

第一，具有流动性很好的品种在交易中成交非常方便，并且价格对市场信息的反应十分灵敏。为了便于成交，我们在选择品种时通常要选择成交量大的品种，这样无论是入市还是退场都较为容易实现。想一想，假如我们买进一个品种持仓量只有几手的品种，则交易对手极可能只有一个；假如我们想要平仓的话就必须要获得对方的同意才行，在此情况下我们就无法获得交易的主动权。相似的交易品种，对于投资而言很明显并非一个好的品种，选择的时候一定要排除在外。此外，流动性差的品种，从理论上来讲，买卖价差一般也比较大。此点从每个品种的不活跃合约上就能够看出来。若只是对投机交易来说，不论我们选择什么品种，通常都要选择主力合约，即持仓量最大、成交量最大的那个合约。每个品种对应的主力合约出现的规律不一样，交易者只要关注持仓量与成交量两个标准就能找到对应的主力合约。

第二，一般来说流动性好的品种波动性也很强，价格波动强烈增加了交易者的操作空间。所谓波动大，一是指日内波动大。例如，一般情况下一天的波动幅度大于1%，有的时候会产生更大的行情波动。对于做日内交易的交易者来说特别重要，假如你买进此品种，结果价格半天不动，这就会将自己憋屈死了！二是指隔日价格的波动较大。假如一个品种在一个月、两个月甚至更长的时间内都处在一个窄幅震荡区间，每天的涨跌幅均不超过1%，在一个月或是几个月之内波动幅度均不超过3%，如此品种对于交易者而言也是不太乐见的。只能眼睁睁地看着别人赚钱，而自己的资金却始终无动于衷。不过，波动幅度小则意味着交易面对的风险较小，换言之，如果你做错了方向，你所面对的损失风险也会比其他波动大的品种要小。一般来说，金融产品风险性与收益性是呈一定正向关系，这就是投资的最根本规律。

以上所讲的标准只是选择期货品种的标准之一。除了以上标准之外，每个交易者还应该按照自己的投资风格、经历进行不同的标准制定。例如，观察历史走势，哪些品种具有稳定的走势，哪些品种上下不断地跳动较大；假如你是日内交易者，就应该将制定相应标准制的重点放在日内数据上。

总之，选择好交易品种，对期货交易而言是一个很关键的开始。从某种意义上来讲，没有绝对很好的品种也没有绝对不好的品种。交易者应当根据操作风格的不同进行相应的调整。

下面是理查·丹尼斯参与交易的期货市场的清单：

（1）芝加哥期货交易所（CBOT）。

30年期美国长期国债（Treasury Bond）

10年期美国中期国库券（Treasury Note）

（2）纽约咖啡可可与原糖交易所（NYCSC）。

咖啡

可可

原糖

棉花

（3）芝加哥商品交易所（CME）。

瑞士法郎

德国马克

英镑

法国法郎

日元

加拿大元

标准普尔 500 股票指数

欧洲美元

90 天美国短期国库券（Treasury Bill）

（4）纽约商品期货交易所（COMEX）。

黄金

白银

铜

（5）纽约商业期货交易所（NYMEX）。

原油

燃油

无铅汽油

2. 交易头寸的设定

所谓头寸管理就是指设定账户资金中用以期货交易保证金的比例以及分配到每个交易品种的保证金比例。

丹尼斯认为，头寸管理则是构建期货交易系统的最重要部分，由于头寸的数量直接影响潜在损失的大小。在实际操作过程中，交易者是很难获得具有 100%胜算率的交易模式的，假如没有合理的头寸管理方法，一两次亏损的交易很可能造成致命的损失，而科学的头寸管理就可以减少错误判断所带来的亏损，降低账户交易的毁灭率。

第一，头寸大小的确定。

在交易头寸的设定上，丹尼斯是根据一个价格波动的技术指标，用来决定入市头寸的大小。

丹尼斯用一个基于波动性的常数百分比作为头寸大小风险的测算标准。

头寸大小是期货交易系统最重要的部分之一，然而大多数人都不太了解。

丹尼斯所用的头寸大小测算标准在当时相当先进，因为通过调整以市场的美元波动性为基础的头寸大小，这个测算标准使头寸的美元波动性标准化。这意味着在以美元表示的数量相同的特定交易日，特定的头寸通常会上下波动（与其他市场的头寸相比），不考虑特定市场根本的波动性，这是实际情况。由于在每张合约上下波动剧烈的市场中的头寸与波动性较低的市场中的头寸相比，便会抵消较少的合约数。

这种波动性的标准化是极其重要的，因为这意味着不同的市场中不同的交易对于特定的美元损失或者特定的美元收益通常具有相同的机会。这就提高了在多个市场之间进行多样化交易的效果。即使某个特定市场的波动性较低，然而，任何明显的趋势都会带来巨大的盈利，是因为丹尼斯会更多地持有这种低波动性商品的合约。

第二，波动性 N 的含义。

丹尼斯用 N 的概念来表示某个特定市场根本的波动性。

N 就是 TR（True Range，真实波动幅度）的 20 日指数移动平均值，当前更普遍地叫作 ATR。从概念上来看，N 表示一个市场在一天内的平均波动幅度，它说明了开盘价的缺口。N 同样用构成合约基础的点（points）加以衡量。

每天真实波动幅度的计算：

真实波动幅度 = max（H–L，H–PDC，PDC–L）

公式中：

H 为当日最高价

L 为当日最低价

PDC 为前个交易日的收盘价

N 的计算公式为：

$$N = (19 \times PDN + TR)/20$$

公式中：

PDN 为前一个交易日的 N 值

TR 为当日的真实波动幅度

由于这个公式要用到前个交易日的 N 值，因此，你应该从真实波动幅度的 20 日简单平均开始计算初始值。

第三，价值振幅。

确定头寸大小的第一步，就是确定用最基本的市场价格振幅（ATR 值）表示的价值振幅。

价值振幅用下面简单的公式来确定：

价值振幅 = ATR × 每点价值量

其中每点价值量（Dollars per Point）的含义是什么，如何获得它？

以 NYMEX 的原油合约（CL）为例：

当前每张合约的价格可能是 61.00 美元

每张合约折合现货市场上的 1000 桶原油。

一个"整点"（big point）在这个合约中价值为 1 美元，也就是说，当价格从 61 美元变动到 62 美元时，我们称为一个"整点"的变化。根据交易所的规定，一个整点的价格移动表示 1000 美元（即 1000 桶乘以 1 美元）。这个价值（1000 美元）通常被称为"整点价值"（Big Point Value）。

在这个合约中，一个整点包含 100 个"最小点位"（minimum ticks），即 0.01 美元或 1 美分。所以这个合约的"每点价值量"就是 1000/10 = 10 美元。

NYMEX 原油合约的"每点价值量"是 10 美元。每种合约都有不同的每点价值量，请参考交易所的规定。

继续这个例子：

上面已经讲过，价值振幅＝ATR×每点价值量

那么，CL 的 ATR 值是 92 点，乘以每点价值量 10 美元，它的价值振幅为 920 美元。

第四，头寸单位。

丹尼斯把单位（Units）作为头寸大小的衡量基础，单位按照大小排列，使 1ATR 代表账户净值的 1%。

因此，特定市场或特定商品的单位可以用下面的公式计算：

单位＝账户的 1%/市场价值振幅

或者

单位＝账户的 1%/（ATR×每点价值量）

由此可以看出，丹尼斯头寸单元的计算也是根据 ATR 的。假如有人仔细计算过头寸单元和特定市场特定周期的头寸单元数量，就会发现前者反比于 ATR 而正比于资金量，后者只和市场的点位和 ATR 相关。使用基于 ATR 的资金管理可以很好地控制每次交易的风险。

第五，头寸限制。

理查·丹尼斯所交易的期货品种众多，不同期货品种的波动性都不一样，并且相关性也不一样。丹尼斯每周就会拿出一份各交易品种的最新 ATR 和交易单元数据的表格，用来决定本周在各品种上的头寸。此外，依据不同品种的相关性，头寸大小就会受到限制。具体如下：

（1）单一市场。每个市场最大为 4 个单位。

（2）高度相关市场。对于高度相关的市场，在一个特定方向上最大可以有 6 个单位（即 6 个多头单位或 6 个空头单位）。高度相关市场包括燃油和原油；黄金和白银；瑞士法郎和德国马克，等等。

（3）相关性较弱市场。对于相关性较弱市场，在一个特定方向上最大可以有 10 个单位。相关性较弱市场包括黄金和铜、白银和铜。

（4）单一方向。在一个多头方向或一个空头方向上全部单位的最大数

目为 12。因此，理论上你可以同时持有 12 个单位的多头头寸和 12 个单位的空头头寸。

丹尼斯用满仓（loaded）这个词表示在特定的风险级别下持有所允许的最大数目的单位。所以，"满仓日元"就表示持有最大 4 个单位的日元合约。完全满仓表示持有 12 个单位，等等。

第六，头寸设定的具体方法。

（1）依据历史数据计算 ATR 指标，称为真实波动幅度的移动平均值，来反映现在市场的价格波动情况。

（2）用 ATR 乘以每一指数点所代表的价值获得一份合约在当日的价值振幅 VR（Value Range）。例如，沪深 300 指数期货，则为 ATR 乘以 300。这里估计的当天合约价值变动量是根据历史数据的 ATR 值，并非实际的振幅，用来估计每天的最大价值变动的绝对值。

（3）针对总资产金额（Asset）设立一个比率为 1%，除以某个品种的 VR 值，即获得当日该期货品种的一个交易单位数量（Unit Size），并且用它来确定不同品种的头寸规模。它的背后的资金管理含义就是，尽管当天合约振幅达到 ATR 的水平，无论头寸方向是多还是空，当天的亏损能够控制在 1% 的总资产水平之内。

假定 2011 年 1 月 11 日，IF1101 合约的 ATR 是 67.9 点，总资产为 500 万元，x = 1%，那么当天的交易单元数量为 $5000000 \times 1\% / (67.9 \times 300) = 2.45$。因为必须交易整数合约，获得 2 手。如果以 3000 点买进，保证金为 18%，那么占用资金 $2 \times 3000 \times 300 \times 18\% = 32.4$（万元），仓位为 6.48%，预计的当天最大账面损失是：$2 \times 67.9 \times 300 = 40740$（元），最大资金回撤是 0.81%。在单一股指期货市场的最大头寸规模为 4 单位，即 8 份合约，对应的最大仓位是 25.92%。

股指期货开户的最低保证金要求为 50 万元，从稳健的资金管理上来交易的话，最多可以做一手合约，那么控制的仓位在 $3000 \times 300 \times 18\% / 500000 = 32.4\%$。

3. 入市法则

入市就是指开仓建立头寸的方法，丹尼斯按照简单有效的高低点突破的原则入市。入市则是构建交易模式的第一个部分，然而它并不是最重要的部分，这点与大部分交易者相反，大多数交易者没有完整的交易模式，入市则是他们的全部。

理查·丹尼斯运用了两个相关的系统入市，这两个系统均以唐奇安的通道突破系统为基础。其中最有名的系统是以 20 日突破为基础的偏短线系统；另一个是以 55 日突破为基础的较简单的长线系统。20 日突破可以定义为超过前 20 天的最高价或者最低价。此外，在入市系统上，丹尼斯还引入了增加单位与连续性的定义。丹尼斯认为，在一年之中大部分利润可能只是来自两三次大的盈利交易，所以增加单位与连续性显得非常重要。

第一，两个入市系统。

理查·丹尼斯有两种不同却有关系的突破系统法则，这两个系统称为 S1、S2。

S1：以 20 日突破为基础的偏短线系统。

S2：以 50 日突破为基础的较简单的长线系统。

突破是丹尼斯经常用的一个术语，来说明市场创造了 n 天内的新高或者新低。突破定义为价格超过特定天数内的最高价或者最低价。所以，20 日突破可以定义为超过前 20 天的最高价或者最低价。

丹尼斯总是在日间突破发生的时候进行交易，而不是等到每天收盘或者第二天开盘。在开盘跳空的情况之下，假如市场开盘超过了突破的价位，那么丹尼斯一开盘便会建立头寸。具体来说，丹尼斯采用这样的入市法则：

（1）S1 入市方法。

只要有一个信号显示价格超过前 20 天的最高价或最低价，丹尼斯就会建立头寸。若价格超过 20 天的最高价，丹尼斯便会在相应的商品上买入一个单位，建立多头头寸。假如有一个信号显示价格跌破了最近 20 天的最低价，那么丹尼斯就会卖出一个单位建立空头头寸。

假如上次突破已经产生盈利的交易，S1 的突破入市信号便会被忽视。请注意：为了检验此问题，上次突破被看作某种商品上最近一次的突破，无论对那次突破是否实际被接受，或是因这项法则而被忽略。若有盈利的 10 日离市之前，突破日之后的价格与头寸方向相反波动了 2ATR，则这一突破就会被看作失败的突破。

上次突破的方向跟这项法则无关。所以，亏损的多头突破或者亏损的空头突破将使得随后新的突破被看作有效的突破，无论它的方向是多头还是空头。

但是，如果 S1 的入市突破由于以前的交易已经获得盈利而被忽略，还能够在 55 日突破时入市，从而避免错过主要的波动。这种 55 日突破被看作自动保险突破点（Failsafe Breakout Point）。

假如你还没有入市，在任何特定点位均会有一些价位会触发空头入市，在另外一些不同的较高价位会触发多头入市。假如上次突破失败，则入市信号会更接近于现价（即 20 日突破）；假如上次突破成功，在此情况之下入市信号可能会远得多，位于 55 日突破处。

（2）S2 入市方法。

只要有一个信号显示价格超过了前 55 日的最高价或者最低价便建立头寸。假如价格超过 55 日最高价，则丹尼斯便会在相应的商品上买入一个单位建立多头头寸。假如有一个信号显示价格跌破了最近 55 日的最低价，丹尼斯便会卖出一个单位建立空头头寸。

不管以前的突破是成功还是失败，所有 S2 的突破均会被接受。

第二，突破原则。

就上面丹尼斯所说的突破原则，在这里，很有必要去探讨这个问题。"突破"从道理上来讲，市场的涨跌完全取决于买卖双方实力对比。当价位冲破上一日、上一周甚至上一月最高点的时候，在上日、上周和上月任何一点做空头的交易者均被套牢，他们当中一定有一部分人要认赔平仓出局，反过来又给涨势推波助澜；反之，当行情跌破上一日、上一周甚至上一月的最低价的时候，在上日、上周、上月任何价位做多头的交易者都会出现浮动亏损，其中有一部分的人必然要止损作平仓卖出，这刚好对跌势落井下石。因此对突破的研究，交易者是很必要的课题。

按照其实战重要性次序，突破大概分为七种：大型形态的突破、大均线的突破、趋势的突破、盘整的突破、新高或者新低的突破、大成交量的突破以及小周期信号的突破。它的突破信号的真伪辨识主要分为如下四点：

（1）均价突破原则。因为在做盘过程中存在着不少虚假的成分，特别是尾市做盘，临近收盘几分钟或者十几分钟的大幅度地拉升或深幅度地打压均会让 K 线图表变形。因此，在技术分析中具有真正意义的应该是代表市场成本变化的均价线，每日的均价是必须要看的要点，只有均价的突破才是真正意义上的突破。

（2）突破的幅度。突破产生之后，它距离突破点的幅度越大，突破的真实性越高，也越有效。据观察，它的均价可以远离突破点1%以上的幅度，突破成立并且有效；否则，它的可能性便会减少。

（3）突破的时间。一旦期价产生突破，它的收盘价和盘中均价必须连续三日在该趋势突破的方向上，才能算是有效；而且停留的时间越长，突破越有效。

（4）成交量与持仓量。突破的产生，通常要有大成交量的产生，相对比较小的成交量意味着趋势的认同者和恐慌出局者相对比较少，它的假突破的可能性便会增加。突破产生的时候，持仓量的增加却不是必要的，持仓量减少所引发的突破大多数是反向恐慌盘出局所造成的，如果在突破趋势有所持续之后，持仓量依然不能增加，那么突破趋势的发展便会大打折扣了。

第三，增加单位。

丹尼斯在突破的时候仅仅建立一个单位的头寸，在建立头寸后以 1/2ATR 的间隔增加头寸。这种 1/2ATR 的间隔以前面指令的实际成交价为基础。所以，假如初始突破指令降低了 1/2ATR，那么，为了说明 1/2ATR 的降低，新指令就是突破后的 1ATR 加上正常的 1/2ATR 个单位的增加间隔。

在达到最大许可单位数前，这种做法都是对的。假如市场波动迅速，极有可能在一天之内便增加到最大 4 个单位。

例如，如果某只个股最近 20 日的最高价为 15 美元，最近 20 日的平均日常波动为 0.7 美元，账户资金为 50 万元（空仓）。那么，当股价突破 15 元的时候买进 7000 股（计算公式为 50 万美元 × 0.01/0.7，向下取整），假如第一次买入价是 15.05 元美元；那么以后在价格每上升 0.35 美元（ATR0.7 的一半）的时候，即 15.4 美元、15.75 美元以及 16.1 美元的时候分别买入 7000 股，一共是 28000 股。

第四，具有连续性。

丹尼斯认为，在接受入市信号的时候必须具有连续性，由于一年中绝大多数利润可能只是来自两三次重大的盈利交易。假如一个信号被忽略或者错过，那么很有可能大大地影响全年的收益。所以连续性显得非常重要。

4. 止损的设置

所谓止损是指在头寸亏损的情况之下如何平仓限定损失的方法。从长期来看，不会止住亏损的交易者不会获得成功。

关于止损，丹尼斯是这样认为的：最重要的是在你建立头寸前，你就要预先确定退出的点位。假如市场的波动触及你的价位，那么你就应该每一次都毫不例外地退出。如果你在这一立场上犹豫不决的话，那你最终就会造成灾难。

第一，设立止损位（见表 4-1、表 4-2）。

丹尼斯以头寸风险为基础来设立止损。每一笔交易均不能出现 2% 以上的风险。由于价格波动 1ATR 代表了 1% 的账户净值，允许风险为 2%

的最大止损则是价格波动 2ATR。丹尼斯的止损设立在买入价格以下的 2ATR。

为了确保全部仓位的风险降到最低，假设另外增加单位，前面单位的止损就要提高 1/2ATR。这通常意味着全部头寸的止损将被设立在距最近增加的单位的 2ATR 处。可是，在后面单位由于市场波动迅速会导致"滑点"（skid）或是由于开盘跳空而以较大的间隔设立的情况下，那么，止损就有所不一样。

例如：

ATR 为 1.20

20 日突破为 28.30

表 4-1

单位：美元

	入市价格	止损价格（第一次买入）
第一个单位	28.30	25.90

	入市价格	止损价格（第二次买入）
第一个单位	28.30	26.50
第二个单位	28.90	26.50

	入市价格	止损价格（第三次买入）
第一个单位	28.30	27.10
第二个单位	28.90	27.10
第三个单位	29.50	27.10

	入市价格	止损价格（第四次买入）
第一个单位	28.30	27.70
第二个单位	28.90	27.70
第三个单位	29.50	27.70
第四个单位	30.10	27.70

由于市场开盘跳空到 30.80 从而使得第四个单位以比较高的价格增加的情况下：

表 4-2

单位：美元

	入市价格	止损价格
第一个单位	28.30	27.70
第二个单位	28.90	27.70
第三个单位	29.50	27.70
第四个单位	30.80	28.40

第二，备选止损策略（见表 4-3）。

丹尼斯还有一套备选止损策略。然而，因为它会导致更多损失，从而使得盈亏比例较低，所以这一策略执行起来难度很大。这一策略被叫作双重损失。

与每一笔交易承受 2%的风险不同的是，止损被设立在 1/2ATR，即账户风险的 1/2%处。假如某个单位已经被止损，而市场已经调到了原先的买入价，该单位便会被重新建立头寸。丹尼斯使用这种方法交易，获得了很好的效果。

双重损失也有额外的好处，即在增加新的单位时不需要改变原有单位的止损，因为在最大 4 个单位时全部风险绝不会超过 2%。

例如，运用双重损失止损，用上一个例子的止损是：

ATR 为 1.20

20 日突破为 28.30

表 4-3

单位：美元

	入市价格	止损价格
第一个单位	28.30	27.70

	入市价格	止损价格
第一个单位	28.30	27.70
第二个单位	28.90	28.30

	入市价格	止损价格
第一个单位	28.30	27.70
第二个单位	28.90	28.30
第三个单位	29.50	28.90

	入市价格	止损价格
第一个单位	28.30	27.70
第二个单位	28.90	28.30
第三个单位	29.50	28.90
第四个单位	30.10	29.50

因为丹尼斯的止损以 ATR 为基础，所以，它们可以更好地适应市场的波动性。对于很不稳定的市场来说，就有更宽的止损，然而，每个单位的买卖数量也会越少。这相当于将风险分散在所有的入市决策上，这样就会造成更好的多样化以及更为健全的风险管理。

5. 离市法则

交易者应该知道在什么时候将头寸退出市场，无论交易者使用什么系统，都应该懂得在什么时候离市。

绝大多数的"交易系统"没有明确地说明盈利头寸的离市。然而，什么时候退出盈利头寸的问题对于系统的收益性是非常重要的。如果没有说明盈利头寸的离市的交易系统，那它就不是一个完整的交易系统。丹尼斯明确说明这一点，他对于盈利头寸使用以突破为基础的离市策略。

第一，离市的要点。

期货市场有一个传统的观点："应该落袋为安，你就不会破产。"丹尼斯不会同意此观点。太早地退出盈利头寸，就是过早地"落袋为安"，是应用趋势跟随系统交易时比较常见的错误之一。

期货市场价格总是处于不断的上下波动中，所以，假如你想抓住一段趋势就有必要让价格背离你运动。在趋势的早期中，这往往可能意味着眼看 10% 至 30% 可观的利润渐渐成为小幅亏损。在趋势的中期中，这很可能意味着眼看 80% 至 100% 的利润失去 30% 至 40%。减轻仓位"锁定利润"的诱惑可能性会相当大。

但丹尼斯懂得，什么时候落袋为安会导致盈亏之间的不同。

丹尼斯交易系统在突破的时候设立头寸。很多的突破并不会形成趋势。这意味着丹尼斯所做的大多数交易都会造成亏损。假如盈利的交易所赚的钱平均下来不够弥补这些损失的话，则丹尼斯就会亏钱。每个能盈利的交易系统均有不同的最佳离市点。

我们来看一看丹尼斯交易系统。假如在利润为 1N 的时候退出盈利头寸而在亏损为 2N 时退出亏损头寸，那就需要两倍的盈利才能弥补亏损交易所带来的损失。

在交易系统的各个构成部分之间存在着复杂的关系。这意味着你不能只考虑盈利头寸的正确离市，而不是考虑入市、资金管理以及其他因素。

盈利头寸的正确离市是交易很重要的方面之一，也是大多数人不能理解的一个方面。可是，它会导致盈亏之间的不同。

第二，丹尼斯离市的策略。

（1）S1（系统 1）运用 10 日突破离市法则：离市对于多头头寸是 10 日最低价，对于空头头寸是 10 日最高价。假如价格波动与头寸背离到 10 日突破，头寸中的所有单位均会退出。

（2）S2（系统 2）运用 20 日突破离市法则：离市对于多头头寸是 20 日最低价，对于空头头寸是 20 日最高价。如果价格波动与头寸背离到 20 日突破，头寸中的所有单位均会退出。

丹尼斯在入市时通常不会设立离市止损单而退出，但会紧紧地观察市场的价格，一旦交易价格越过离市突破价，就开始立即下单离市。

第三，离市不容易的原因。

对于很多的交易员来说，丹尼斯系统离市也许是丹尼斯交易法则中最难的一部分。等待 10 日或者 20 日新低出现往往可能意味着眼睁睁地看着 20%、40%甚至 100%的巨大利润会化为泡影。

因此，大多数交易具有一种想要早点离市的强烈倾向。只有很强的纪律性才能为了继续持有头寸一直到真正的大幅波动到来而忍受可观的利润化为泡影。在巨额盈利的交易中，遵守纪律和坚持规则的能力是成功交易员的特征。

二、控制风险，守住阵地

丹尼斯说，如今的一般交易者对风险已经有了很多认识，然而他们还是不懂概率。大多数人根据直觉不断地赔钱，还有的人喜欢摊低成本，结果也是赔钱。尽管他们快死了，也不知道什么是正确的。然而除了这些人之外，还有极少数人，他们不同寻常，他们知道什么时候买入，什么时候卖出，他们也懂得如何评估风险。

一开始丹尼进入期货市场并不懂得如何交易，然而他学得非常快，他懂得必须像赌场经营者那样去思考：

当我一开始的时候，我的系统叫"不论如何，不能要有自己的观点"。4 年以来，我一直利用这个优势。假如有人给我一条消息，叫我买入燕麦，我并不认为他了解很多东西。我只是知道我有一点点优势，当日结束的时候，这个优势大概相当于我的利润。很显然，从短期来看，这样的事情不一定就会发生，然而从长期来看，它必然会发生。我尽量将自己当作赌场经营者。这并不新鲜和奇怪。交易所的人一直这样做。

而对于中美交易所来说，它有一个优点，由于无人知道你可以利用巨大的成交量来平衡风险。我就是这样开始的。

我曾经做过一笔很糟糕的交易，发生在我离开研究生院之后的第一年，虽然仅仅损失了300美元，然而我只有3000美元的赌本，这笔亏损可不小。我不甘心地就这样输掉，又加码一手合约，还是持有原仓位，结果输得更惨。我一意孤行，第三次加码相同的仓位，结局惨不忍"赌"。交易结束之后，一天之内我输掉了我本金的1/3，也就是1000美元。

这次惨痛的教训让我懂得，遇到巨大的亏损时，千万要冷静，不能意气用事，赌红了眼，赶紧收手是唯一的选择。休整一段时间再考虑进场也不迟；否则，只会陷得更深，套得更牢，输得更惨。其实，如果我早一点学会控制风险，可能我也不会输得这么惨，说不定早就咸鱼翻身了。

从第一次犯错误亏损将近1/3本金时起，丹尼斯就学会了控制风险。

丹尼斯在接受媒体采访时说道："第一，我会力争将每笔交易的风险控制在投资组合价值的1%之下。第二，我会研究每笔交易的相关性。进一步地来降低风险。我每天都会做电脑分析，并了解持有部位的相关性。随着经验的积累，我了解到在持有部位相关性方面所犯的错误，可能会造成重大的交易危机。如果你持有八项相关性很高的部位，这无异于进行一笔规模与风险是原先8倍大的交易。"

他指出：控制风险，守住阵地，否则你可能等不到创造成果的那一天。因此，你应该减少损失保存资本，等待能够一展所长的时机，否则无缘无故、不断地赔钱，盈利机会到来时只剩下少量资本很难有大作为。

实际上，操作之前，应该制订一份风险管理计划。这是指你在任何时候所能够接受的最大损失程度。不管任何市场，你应该设定自己能够接受的最大风险，或者你能够承担的最大损失。你必须计算，自己所能容忍最大损失占总交易资本的百分比。也应该明白，总体部位在任何时候所能够承担的最大风险以及认赔水平。

你还要懂得什么时候应该调整风险。只要市场状况发生变化，风险往往也会随之变化。因此，你应当根据市场状况调整风险程度。

最后，丹尼斯还强调，交易者必须优先考虑交易的每个层面都需要纪律来规范。具备纪律规范，你所做的每件事都能够做得更好。

交易者为什么会赚钱或是赔钱？当然其中有很多因素可能会造成影响。每个交易者都明白应该马上认赔，交易频率不要太高，想要制订风险管理计划，必须预先做好详细的准备。然而，假如没有严格的纪律规范，那么就无法将这一切结合在一起而成为优秀交易者。

交易者还要学会如何控制亏损，包括每笔交易、每天与整体账户的损失在内。如果不能做到这点，最终会遭遇巨额的损失，甚至使你破产。在资金管理计划之内设定这些规范并不太难，问题在于你是否能够如实地去执行。

三、运用概率来管理风险

丹尼斯发现期货交易是一门概率学的应用学科。他说："我们寻找概率和特定的模式。假如这些模式出现了，那么我们就管理风险，就开始进行交易。"

丹尼斯举了这么一个例子说明风险管理理论。

假设是掷硬币。你有 400 万美元，每次掷硬币时你要下注 400 万美元。你有 90%的机会能够赚取 400 万美元，有 10%的机会输掉 400 万美元——也就是你全部的本金。尽管概率对你有利，你真的敢下注吗？不敢，丹尼斯明确地说："我靠概率交易，如果是好的下注机会，我会下注。但是，请等等，如果正面是 400 万美元，反面也是 400 万美元……我了解到得克萨斯州许多从事原油和天然气的人均破产了。他们在原油和天然气方面很会赚钱，然而他们总是用自己的农场下注，最终都输掉了。"

　　丹尼斯与大多数人不同的是，大多数人靠感觉做出决策，而丹尼斯依靠数学工具来计算风险，并把数学工具作为他的优势。

　　丹尼斯这样说，接受许多小亏损的现实总是比错过大利润要好。统计学上的错误就是认为无知对交易有利。

　　丹尼斯的统计学思想是基于奥卡姆剃刀原理。用现代的语言来表达就是："保持简单，做个傻瓜！"丹尼斯的交易规则要想起作用，要想有统计学上的可靠性，就必须保持简单。

　　丹尼斯指出，交易很简单的原则就是，你期望自己的交易方法长期下来能够赚多少钱？

　　也就是说，"你的投资决定平均每笔交易能够赚多少？"或者21点玩家所说的："你的优势是什么？"丹尼斯的第一步就是了解自己的优势在哪里。

　　丹尼斯以篮球赛做了一个比喻，由于交易的成功率与运动员的平均命中率差不多。丹尼斯是如此解释的："这就好比篮球平均的命中率为35%，而交易系统的平均成功率也是35%。"

　　关于35%的命中率，就看是哪种方式进球。是两分球还是三分球？在交易中，期望值越高，赚的就越多。在条件相同的情况下，每笔交易期望值是250美元的系统比每笔交易期望值是100美元的系统赚的钱要多。丹尼斯原则的每笔交易为正期望值，由于赚钱的交易比赔钱的交易赚的多。期望值（也叫作优势）可以用这样的公式来计算：

$E = (PW \times AW) - (PL \times AL)$

E = 期望值或优势

PW = 胜率

AW = 平均盈利

PL = 败率

AL = 平均亏损

　　例如，一个交易系统的成功率为50%。赚钱时每笔赚取600美元，赔钱的时候每笔亏损400美元。那么这个交易系统的优势为多少?

$$E = (PW \times AW) - (PL \times AL)$$

$$E = (0.50 \times 600) - (0.50 \times 400)$$

$$E = 300 - 200$$

则优势 = 每笔交易赚取100美元

长期下来,你每笔交易能够赚75美元。再比较一下另一个交易系统,成功率为40%,平均每笔赚取1000美元,平均每笔亏损为400美元。这个系统与第一个系统相比怎样?

$$E = (PW \times AW - (PL \times AL)$$

$$E = (0.40 \times 1000) - (0.60 \times 400)$$

$$E = 400 - 240$$

优势 = 平均每笔交易赚取260美元。

尽管第二个交易系统的成功率比第一个交易系统的成功率要低,然而它的优势却是第一个系统的2.6倍。事实上,如果第二个系统成功率是25%时,就不赚也不赔;而如果第一个系统成功率为66%时,就不赚不赔。很显然,假如你听媒体说90%成功率的交易,那实际上就是误导。成功率并不能说明任何问题。

请大家这样来思考。在美国拉斯维加斯,很小的优势就让赌场长期发展下去。拉斯维加斯与中国澳门都是依靠优势赚的钱而建立起来的。丹尼斯一直期望他的交易像赌场那样。

投机期货交易与赌博游戏在经济和法律方面都存在很大的区别,然而对于典型的投机者来说,这两种行为的相似性远远超过了它们之间的区别。投机期货交易与赌博的原因一样:利润、刺激、消遣、被迫或以上这些原因的混合。最重要的是它们的很多规则也非常相似,所以适合赌博游戏的一些规则也同样适合期货交易。

你应该计算出每笔交易来得出你的优势是多少,假如你不了解优势,你其实就是在赌博。不是你正确的频率,而是你正确的程度。

所以，不要从交易结果来评判自己的能力，由于我们懂得最大的可能是赔钱。我们应该从概率的角度来考虑问题，正因为这样，我们在面临巨大的风险与不确定性时仍然信心十足。

总的来说，假如期货投资者能够把概率论运用起来，那么对市场本质的认识以及实际交易过程都会有很大的帮助。

四、衡量风险与回报的方法

丹尼斯说，成功的交易者必须对风险加以量化和分析，真正地理解并且去接受风险。从情绪上与心理上接受风险决定你在每次交易中的心态。个体的风险容忍度与交易时间的偏好，也使得每个交易者各有不同之处。选择一个可以反映你的交易偏好与风险容忍度的交易方法。

他认为，在期货交易过程中，管理风险主要包括风险度评估、风险承受力评估以及风险控制操作等内容。风险度评估能够利用期望收益率与风险率的比率来量化，风险承受力的评估能够运用在每一次交易中交易者可以承受的资本损失率来量化。

1. 主要的风险

在风险重重的期货市场中，很多交易者都担心主要的风险有四种：

（1）回落所造成的风险。大多数人都是太高估了自己在高风险水平之下所承受巨大波动的能力，很多人都经不起大幅度的回落。对于新手来说可以调整一下风险水平以降低回落程度，然而相应地降低了回报率，这则是一种很明智的妥协。而在丹尼斯看来，返回利润仅仅是游戏的一部分。他曾承受过高达 70% 的回落幅度，能够承受这种波动的人非常少，对绝大多数人的心理承受能力来说，这都是非常难熬的一关。

（2）高回报率所造成的风险。尽管回报率很低，你赚取的利润微不足道，你所承受回落的风险较小。一般来说，稳定的系统要优于不稳定的系统，是由于回落衰落导致心理问题，很有可能开始怀疑系统的准确性。高回报率必须承受更大回落的可能性，那么它所承受的风险也更大。而回报率较低、稳定的系统所承受的风险更小。

（3）价格震荡所造成的风险。价格震荡所引起的出人意料的事件或者灾难，一般来说，由于它们发生非常迅速，因此没有机会止损。一个或者多个市场中出现价格的突然波动，造成无法挽回的重大亏损。例如，1987年美国股灾，所有市场都一起暴跌，丹尼斯一天亏损高达65%，并且很难退出市场。系统的历史检验全然估计不到这种情况的亏损。在为自己的账户设定风险水平时，所有想生存下去的交易者都会小心地考虑价格震荡的风险。任何一个想取得高回报的人都要承受同样高的回落风险，甚至很有可能在一次巨大的价格震荡中输得一无所有。

（4）系统死亡所造成的风险。市场状态改变，会导致曾经有效的系统突然失效。主要是市场结构的变化，特别是参与者的变化，参与者运用交易策略的变化。假如一种交易策略被大多数人运用，失效的速度就越快。包括套利与趋势跟踪，然而大多数人忍受不了趋势跟踪必然要面对的巨大回落，因此趋势跟踪策略长期来看一直有效。同样，趋势跟踪策略具有周期性，由于经历一段高收益时期之后，就会有大量的资金跟风涌入，往往会出现几个相对艰难的年头，当交易者在一段艰难时期之后纷纷撤出资金的时候，好时期往往又会再次到来。

2. 衡量风险的方法

在量化风险的过程，理查·丹尼斯常用这些方法：

（1）最大回撤。从最高点到此后最低点的百分比。

（2）最长回落期。从一个顶点到下一个新顶点的最长周期。

（3）回报标准差。所谓标准差就是指一组数值自平均值分散开来的程度的一种测量观念。一个比较大的标准差，则表明大部分的数值与它的平均值之间差异比较大；一个比较小的标准差，则表明这些数值比较接近平均值。

（4）R 平方值。它就是一个新的风险回报比率指标。

3. 衡量风险回报率的方法

理查·丹尼斯对风险回报率的衡量，主要应用是夏普比率、MAR 比率。

（1）夏普比率。

夏普比率是由诺贝尔奖获得者威廉·夏普于 1966 年所创造的一个概念。当初被称为回报—波动比率，被应用于比较共同基金的业绩。风险水平与回报的波动性直接相关。大多数情况下，回报的稳定性越大，实际风险水平就越大。

夏普比率计算公式：$= [E(Rp) - Rf] / \sigma p$

其中，$E(Rp)$ 为投资组合预期报酬率；Rf 为无风险利率；σp 为投资组合的标准差。

当投资组合内的资产都是风险性资产的时候，同样适用于夏普比率。夏普指数表示投资者每多承担一分风险，就能够获得几分报酬；如果它是正值，则表明基金报酬率要比波动风险高；如果它是负值，则表明基金操作风险要比报酬率大。如此一来，每个投资组合都能够计算夏普比率，即投资回报与多冒风险的比例，这个比例越高，投资组合越好。

举一个例子来说明，如果国债的回报为 3%，而交易者的投资组合预期回报为 15%，交易者的投资组合的标准偏差为 6%，则用 15% 减去 3%，能够得出 12%（代表交易者超出无风险投资的回报），再用 12% ÷ 6% = 2，表示交易者风险每增长 1%，取得的为 2% 的多余收益。

（2）MAR 比率。

MAR 比率又叫作获利代价，就是为了得到利润，需要承受多大的回撤作为代价。它是衡量单位风险的回报和最大风险。

它的计算公式为：年均回报率/最大的回撤幅度

回撤是按照月末数据来计算的。这个比率是风险回报比率的一个十分快捷而又直接的衡量指示。MAR 比率比夏普比率能够更好地衡量一个交易策略的收益与风险的比率，能够更好地过滤掉一些实际上表现不好的交易策略。

五、重要的是要控制投资组合的风险

丹尼斯说，不要随机入市，然后再做打算。这则是真正的禅。假如你应用了合理的风险管理，你就能够在危险来临时更好地处理风险。

对于风险控制的要点，丹尼斯非常明确地指出："重要的是要控制投资组合的风险。交易者必须处理好它们。"

对丹尼斯而言，单笔交易亏损一点没关系，然而要了解到整个投资组合会亏损多少。

丹尼斯对投资组合的风险管理做出这样的规定：

（1）每个市场最多只能投入 4 个头寸单位。

（2）在高度相关的多个市场之中，多头与空头单位都不能超过 6 个。

（3）在任何一个方向上总交易量都不能超过 10 个头寸，而对于没有相关性的市场可以放宽到 12 个。

1. 投资组合的选择和仓位的平衡

这个理念对每个市场都适用，换句话来说，只要有市场，就有流动性，只要有波动性（丹尼斯通过波动性赚钱），则就适用，任何市场都可以像丹尼斯那样交易。

你不是仅仅交易一种投资组合，目前交易者们都利用丹尼斯交易法则来操作各种不同的组合，例如股票、货币、债券以及商品等，于是造成各个交易者业绩相差非常大。然而最关键的一点是，不要在一系列高度相关的市场进行投资。

但是避免高度相关的市场，这是非常重要的。简单来说，相关的市场涨跌则是一致的。假如投资组合中相关的市场太多，那么就会增加交易者的单位风险。

例如，道琼斯工业指数与标准普尔 500 股指期货就是高度相关的。两者涨跌是一致的。购买 1 单位道琼斯工业指数并购买 1 单位标准普尔则相当于在同一个市场购买 2 个单位。

或者说，加入苹果电脑和戴尔电脑都在交易者的投资组合中。这两只股票也会同时上涨或者下跌。丹尼斯建议，正常的交易策略就是建仓一个单位的苹果电脑。可是，假设还买入一个单位的戴尔电脑，这两只股票是高度相关的，那么就相当于在交易两个单位的苹果电脑。这样的话风险就增加了 1 倍。

由于期货交易运用保证金制度，假如仓位过高，或者将仓位集中在相关性很高的品种上，一旦市场出现较大的不利变化，那么便会引发爆仓的风险。因此，经验丰富的交易者就会非常重视分散投资。通过投资不同的市场、不同的标的，把资金配置在相关性低的多个品种上来分散风险。在不同标的之间，仓位的分配也是不一样的，波动大的标的要比波动小的品种配置更低的仓位。

2. 多头和空头相结合的方式

丹尼斯说，如果你把多头和空头相结合，那么这种交易方式在很大程度上就会提高资产组合的多样化。

他举了这样的例子：如果说你在做多玉米、饲牛、黄金以及瑞士法郎，一共有 4 个多头单位。同时空头仓位是英镑、铜和白糖，一共有 3 个空头单位。

即便如此看来头寸出现了重合，然而通过单位调整，仍然能够计算你的风险。假设同时持有 4 个单位多头和 3 个单位空头，为了计算总的风险，你应该在两个投资单位中取最小值，除以 2，然后用大的投资单位减去这个商，即为 4 - (3/2) = 2.5，这就是你在不承担额外风险的前提下投入更多的单位资金。

丹尼斯为什么要重视头寸的多样化？由于丹尼斯无法预测哪一个市场将会出现大的趋势，也无法预测任何一个趋势的变化幅度，假如错失了一个大的趋势，那么丹尼斯整整一年的努力就白白地浪费了。多样化的投资组合可以有效地降低这种风险。任何一个趋势交易都必须分散投资，防止错失大的趋势。

3. 对整体投资组合也要有单位的限制

前面已经讲过，丹尼斯对每笔交易都有单位的限制，对整体投资组合也有单位的限制。丹尼斯依据资金就能够明白该持有多少份合约。

所以，丹尼斯的风险管理对止损、加仓、投资组合均有规定。

例如，玉米合约（标准玉米合约每基点的价格等于 50 美元的合约）的 N 为 7 基点，风险则是 350 美元（7 基点 × 50 美元）。假如丹尼斯接到了一个玉米的突破信号（止损为 2N），他合约的风险则是 350 美元 × 2，即为 700 美元。

假设账户为 10 万美元，单笔交易风险为 2000 美元。要买卖的合约数量就是用合约风险除以 2% 所代表的风险。那就是买卖 2.67（2000 美元/700 美元）份期货合约。当然，合约只能够买入整数，那么就是 2 份合约。因此，当突破信号出现的时候，他将交易 2 份玉米合约。

这个规则适用于玉米，也同样适用于黄金、可口可乐，用单位来表示。这就是丹尼斯不用基本面而用数字交易任何一个市场的原因。

除了运用 N 来计算波动性，丹尼斯还运用了另一种方法。它也是开始的止损点（也叫作入市原则）。丹尼斯将 2N 作为止损点。简单来说，他的开始止损点，或者叫作强制止损点，则是日线 N 的 2 倍。

例如，假设玉米有突破，收盘价为 250 美元，丹尼斯就很快地计算 N 为单位的止损点。假如 N 为 7 基点，2N 的止损则是 14 基点。那么止损点就比入市价低 14 基点。假如入市价为 250 美元，则止损就是 236 美元（250 美元 − 14 美元）。假如价格到了 236 美元，你必须退场。不要怀疑，必须按照规则去做。

如果你在交易谷歌时，它的 ATR 为 20。2ATR（2N）止损则是 40。假如谷歌下跌了 40 个基点，你应该退场，不要多想。

丹尼斯认为，不能交易无限的单位。每个单位表示了有限资金的 2%。也不能过度交易，任何市场只能交易 4 到 5 个单位。

例如，10 万美元的投资组合能够购买 1 份债券合约，然而 100 万美元的投资组合能够购买 5 份。假如债券合约增值了，你就可以多买一些其他品种。

六、把握好风险与杠杆的平衡

丹尼斯说："交易额越大，回报越大，缩水也越大。这就是一把双刃剑。"同时他认为，期货交易应该减少杠杆比率。

"我在一天之内缩水了 60%，尽管当天收盘的时候还是赚了 140%。当时，我管理的资金规模将近 80 亿美元，我想在一天之内缩水达到 60% 绝不是好主意。因此我减小了风险，交易额极小，打算每年只赚 20%。"

运用高杠杆就是丹尼斯业绩波动的主要原因。丹尼斯说："我们非常疯狂。后来在 20 世纪 70 年代中期以及 80 年代，我们说'还是以 15% 或 20% 为目标吧，我们能够将资金提高到 10 亿美元。'假如你的资金很高，人们对 15% 或 20% 的收益是十分满意的。"

关于杠杆，很多期货交易大师与丹尼斯观点是一样的。例如，期货交易大师保罗·都铎·琼斯认为自己和别人一样应该减少杠杆。他的回报率从 20 世纪 80 年代开始减少，然而他的回报额还是与以前一样多。他说："我个人对风险与波动性有什么看法。我想很多人随着年龄的增长，他们的观点与我相似。不论什么事都与杠杆有关系，你能够承受多大的缩水，你就运用多大的杠杆。我在年轻的时候，我的缩水非常大，频率也过高，杠杆也非常高。"

对于任何一个期货交易者来说，如何正视期货市场的高杠杆及其运作艺术，是增加收益、降低成本以及控制风险的先决条件之一。

如果杠杆大的话，盘面每亏损一个单位，实际损失的要大，赚钱也是如此。在杠杆高的情况下，入市保证金用得少，假如你不会控制仓位，那么风险就会很大，由于后市如果做错的话还要向里追加风险准备金，由于杠杆大，因此每波动同样单位的价格，所需要补的保证金就多，再加之你的仓位控制不好，爆仓风险非常之大。

假如杠杆很小的话，我们算一个极限的，就是没保证金这一说法的，杠杆为 1:1 的话，这就没有追加风险准备金这一说法了，仓位控制不好也不会爆仓了。

期货就是一种杠杆交易，在 10% 的保证金比例下，我们投入 1 元钱，相当于拥有了 10 元的价值，投入 100% 的保证金的情况下相当于我们获得了 10 倍于账户资金的标的物价值。放大了获利的同时，风险也得到了扩大。由此可见，必须控制风险在可容忍的幅度之内，最有效和直接的方式则是控制投资的杠杆倍数。

七、风险控制与资金管理

所谓的资金管理，是指控制市场风险的程度，保证交易者能够度过每个交易者都一定要遭遇的不利时期。交易者不仅要让盈利潜力最大化，而且还要将破产风险控制在能接受的水平，因此资金管理就是这样一门艺术。

因为风险管理有许许多多名字，也可以叫作资金管理、头寸规模、赌注大小或者仓位大小。

丹尼斯交易法则之所以让他能够在变幻莫测的市场游刃有余，最主要的在于他对资金管理的运用。这套法则对头寸规模有非常严格的限制。

丹尼斯法则是这样描述的：

每一交易单位＝账户的 1%/（N×每点价值量）

其中，N 是市场价格波动的平均范围。

通过这个公式能够看到，决定头寸规模的因素中含有市场的波动性，也就是市场最大风险。将市场的可能风险考虑到每一笔交易头寸中是丹尼斯获得成功的关键。在确定了交易单位以后，丹尼斯依据市场的不同去限制最大的头寸规模，在单一市场是 4 个单位，在高度相关市场是 6 个单位。

丹尼斯认为，在交易系统中，资金管理是最重要的一个部分，甚至比交易方法本身还要重要。一个交易者拥有再好的技术分析手段，假如没有明确的资金管理意识和方法也是远远不够的。特别对于系统交易者来说，仓位控制与资金管理显得十分重要，严格的资金管理是保证资金安全，游戏继续的保障。

所以，丹尼斯对加仓、止损以及离市都做出了明确的规定。在突破的时候只建立一个单位的头寸，在建立头寸之后没有达到最大头寸规模的时候，以 ATR/2 的价格间隔逐渐地增加头寸。在止损方面，任何一笔交易都不能出现 2% 以上的风险，容许风险为 2% 的最大止损就是价格波动 2ATR。当出现加仓并且有盈利的时候，止损位由加仓的点位计算，对应的所有头寸的止损线向上移。在离市方面，对于以 20 天突破为基础的偏短线系统，当价格达到 10 天最低价时所有多头头寸离市，当价格达到 10 天最高价时所有空头头寸离市。

在期货交易过程中，丹尼斯为什么特别重视资金管理与风险控制相配合？是因为丹尼斯的交易规则的目的在于捕捉每年只有两三回的、利润丰厚的大趋势，同时交易信号一旦出现就要果断地入场，因此通常会被错误信号所困扰，这就要求在平时重视保持资金实力以等待时机。他的资金管理的要点就是，当建仓信号出现一个波动强烈的时期，新建立的仓位就会少一些；假如建仓信号出现一个比较平稳的时期，新建立的仓位就会多一些，是因为假如价格波动频繁，就更容易出现虚假的信号。资金管理的另一个重要方面是在初始头寸产生一定幅度的盈利的时候，运用金字塔式的加码，同时还要求止损点立即跟进来保护利润。

例如，当市场在 100 价位突破之后，可以在 102 价位、104 价位以及 108 价位时加仓。假设在 100 突破做多时的 N 为 5。如果你打算在每上涨 1N 的时候加仓，那么就必须在 105 价位、110 等价位加仓。你最多加仓 5 个单位。你的止损为 0.5N，此后就是 2N。随后，一旦你买入了第二个单位，那个仓位的止损点都是新的 2N 止损。假如增加了新的单位，所有的止损点都应该是新加的单位的止损点。

因此这个过程不仅保护了账面利润，而且也不影响抓住大趋势。丹尼斯之所以能够创造出巨大的投资回报期望值，或者说"优势"，其中一个主要原因就是他能够从可获利的交易中获得尽可能多的回报。

在逐步加仓的过程中，止损位置也随着上调，当初的仓位和最后的仓位都按照统一的规则来入场。这不仅能够保护丹尼斯的未平仓利润，还能够确保他将之前获得的利润再次投资到那些突然出现的大趋势中，这就是丹尼斯所说的"赌上你的全部家当"。

然而激进的金字塔加仓模式也存在不好的一面。假如市场并没有形成大的趋势，如果没有大趋势，则假突破所导致的亏损会快速造成丹尼斯亏损，速度比想象的更快。那么，丹尼斯是如何面对一连串的亏损的，如何保护资金的？丹尼斯将会大幅度地减少自己的投资规模。当市场发生反转的时候，减少投资单位这种防护性的行为让丹尼斯很有可能迅速地减少亏损，再次获得巨额的回报。规则非常简单，每当亏损 10% 的时候，把交易单位减少 20%，即假如亏损为 10%，就当作账户里只有 80% 的资产值来交易。当亏损出现了 20% 的时候，就按照 64% 来交易。

当账户中的资金量逐渐回升时，就可以把投资规模恢复上去。有一次，丹尼斯曾经亏损达到了 50%，然而年底仍然获得了巨额的回报，是由于下半年出现了很大的趋势，帮助他快速地从亏损变为盈利。

实际上，丹尼斯有可能在一年中就有 11 个月的时间内一直处于低迷状态，一直到这一年的最后三周才开始回转，把单位规模由原先的 30% 提高到 150%。

通过在亏损的时候缩减头寸规模，丹尼斯能够有效地减少自己以几何级数的速度迈向"破产"的可能性，这就是最重要的护身法宝。

第五章　斯坦利·克罗控仓的秘诀

人物简介

斯坦利·克罗（Stanley Kroll），是一个传奇的期货交易大师。在 20 世纪 70 年代初的一次商品期货暴涨行情中，用 1.8 万美元本金获得 100 万美元盈利。

1960 年进入华尔街，在 33 年中积累了大量的经验，后主动离开华尔街，游历世界，著书立说。五年的游历中，他潜心研究经济理论及金融、投资理论，并先后出版了五本专著。

1981 年之后他重返华尔街，并逐渐把目光移向亚洲，因为他相信 21 世纪将是亚洲的金融世纪。20 世纪 90 年代他来到了香港投资公司，1998 年到北京担任投资顾问。

交易策略：盈利时做个长线交易者，亏损时做个短线交易者。他应用技术操作的手段很多但非常简单，有时候简单到只用一根均线。

具体做法：克罗追求的是长线趋势的交易，其交易原则是涨势买入跌势卖出。

控仓名言：成功交易的关键是良好的技术交易系统，市场操作策略和战术，加上良好的资金管理，缺一不可。

只有时刻惦记着亏损，利润才能照顾好它自己！

持有盈利的仓位就像是骑一匹难驯的马。一旦你上去了，你知道要做什么——坚持再坚持，不要落马。你知道，如果你还在马上，你就是赢家。听起来很简单，这就是成功交易的精华。

一、斯坦利·克罗的操作体系

克罗认为，交易系统仅仅是一个交易工具而已，交易工具也有好坏之分，但没有任何交易系统能成为持久盈利的"最终解决方案"，交易系统有效的前提是要与良好的交易策略、资金管理以及风险管理相结合。在一个客观的、训练有素的交易者手中，"正确"的体系能够成为成功交易的有力助手，然而系统有效性的发挥与交易者所有的耐心和所受的训练成正比。包括：

（1）只做行情趋势强烈的市场品种。

（2）顺着趋势方向进行交易，在适当回调的位置上建仓。

（3）建仓有利的情况必须坚持持仓，并且在特定条件之下加仓。

（4）不要频繁进行交易，不要企图从逆向趋势交易中快速获利。

（5）持仓"能多久就多久"，一直到系统发出平仓信号。

（6）头寸盈利的时候长线（大于6周），亏损的时候短线（小于2周）。

（7）严格地执行交易系统，除了特殊的情况，不要加入人为的决策，不对系统加以优化。

（8）必须相对保守，以免过度杠杆和过量持仓，持仓资金不得超过账户总额的1/4。

（9）严格地进行风险控制限额。每一个品种的风险为账户总额的1%至2%。

如果将斯坦利·克罗的整个交易算作是一个交易系统，那么里面就会有很多不同策略的组合，每一个策略组合就能够算作是一个小的交易系统。斯坦利·克罗的完整操作系统包括如下几个步骤：

第一步，交易品种的选择。

选择什么样品种进行交易？（用盈亏比进行选择）即为：止损点位较低，盈利空间较大。

如果谷物市场大趋势往下，可以做空 3 个品种，选择哪个品种？

玉米、大豆、小麦（谷物市场跌破较大，超卖严重，即便是温和的反弹，幅度也可能非常大）。

克罗所选择的交易品种：

（1）选择趋势最弱的一种商品。

（2）选择反转止损点离现价最近的商品进行交易。

玉米：距离止损点为 16 美分；

大豆：距离止损点为 44 美分；

小麦：距离止损点为 9 美分。

经过比较：做空小麦的风险是最小的，假如市场像大趋势显示的那样持续下跌，那么反转止损点就会跟随市场不断地走低，一直到不会发生亏损的底部，不久之后就会锁定利润。

第二步，交易头寸的设定。

在交易中必须持有多大规模的头寸，才能算是太大？

克罗认为，假如你的交易方向与市场价格趋势方向相反，并且有账面损失，那么即便只有一份这样的交易合同也嫌太多。假如你的交易方向与占优势的市场趋势一样，并且市场价格又朝你的方向变动，那么合同数一定是越多越好。

第三步，入市策略。

克罗的入市策略是：只有在市场呈现出强烈的趋势时才放手入市。

他认为，交易策略第一位的因素就是找出每个市场的大趋势，顺着大趋势的方向进行操作。随主导趋势的方向进行操作。逢低在支撑价位买进，这是大多数人都喜欢的交易方式，然而这只有在市场大趋势为涨势时，才能这样做。

克罗的入市点：

（1）趋势翻转时。

（2）盘整突破时。

（3）大势反弹或者回调45%至55%处。

第四步，止损的设置。

克罗说，大趋势中间有起伏，万一在这个过程中做了一些不利的仓位，必须要严格止损，来控制风险。

克罗有选择地应用交易止损额度。按照市场及其技术特征，他设置止损限额的依据可以是市场的变异性、交易的利润额以及交易时间。有的市场历史走向稳定，他可以不用推进止损限额。有的市场，他坚信交易模型敏感性很强，可以对趋势变动做出适时的反应。总之，他的止损限额设置策略允许长期交易有时间以及空间进行发展。他的止损设置为：

假如初始止损额是600美元。当赚取400美元时，把止损额推进300美元。当利润超过800美元时，把止损移到收支平衡点，不再变动止损额度。

第五步，仓位管理。

（1）建仓策略。

克罗说，仓位往往建立在趋势即将发动的起始点，而不是朝趋势进行的方向建立。一旦趋势确定，就要赶紧建仓。建仓点：

1）大趋势的小反转之处。

2）在支撑点显著突破之处（放空时）。

3）阻力点显著突破之处。

（2）加仓策略。

必须要身处持续的大趋势中。

加仓点：

1）回档之处。

2）反转处。

斯坦利·克罗说，趋势分析正确的时候，金字塔加仓。

他认为，一旦方向正确，就要赶紧加仓，扩大盈利。

他采用逆小趋势加仓。在逆小势这个细节上，克罗运用的是左侧交易，也有一点像帝纳波利点位交易法。他会在主要回调位或主要支撑或阻力位进场加仓。

逆小势可以有许多方法，这也是精细交易的一个细节，可以选择自己合适的招式来运用，这是提高交易绩效的重要环节。

（3）平仓策略。

斯坦利·克罗说，保持仓位不动，一直到分析发现趋势已经发生或者即将反转，就要立即平仓。

克罗的平仓点为：反弹失败。

第六步，离市策略。

斯坦利·克罗说，假如市场趋势不利，就要快跑！

克罗的离场点：趋势结束。

那么，如何判定趋势结束，要从长线角度来分析。

（1）当周时间框架的趋势结束，就意味着长线交易的趋势结束，可以离场了。

（2）跌破箱体，价格跌破箱体运行的下沿，就意味着价格要大跌，因而要离场了。

（3）当上涨高度是前期下跌幅度 1 倍的时候，通常是要下跌的位置，注意离场。

二、好的技术系统，还要加上很好的资金管理

斯坦利·克罗说："技术交易系统与良好的交易策略和战术，各占一半。获得良好的技术交易系统之后，需要可行的市场交易策略和战术，

还要加上很好的资金管理。"

他认为，每一个技术交易系统并不能保证只赚不赔，只有当好的技术系统加上可行的市场交易策略和很好的资金管理，这样才能跻身常胜军的行列。

在市场中，交易体系可以分为"趋势型"与"盘整型"两套体系，其中趋势型体系依照交易次数通常准确率仅仅为30%左右，如此低的成功率同样能够在市场中长期获胜，但这里最重要的就是资金管理，斯坦利·克罗就是典型的趋势交易大师和资金管理大师。

斯坦利·克罗说："对于全面的成功来说，好的资金管理和一贯的风险控制对于好的技术或者图表方法来说更加重要。"

他进一步地说道："交易者控制并克服过度交易或过多持有头寸的冲动是十分重要的。"

克罗一般的原则做法就是：1/3的账户资金运用于期货和货币，1/2的账户资金用于保证金头寸，剩余的资金就以带息储备资产方式持有。

克罗指出，无论是散户还是基金、交易大户，在操作期货的时候，最多的进场资金不可超过所有资金的30%，随时保有解套和反向交易资金是风险控制的基本重要观念。举一个例子来说明，当你运用30%的资金入场做多时，一旦行情发生反转时，这时候剩下的资金不但能够帮助你解套，还能够乘胜追击反手做空。

他认为，期货交易的资金管理，是期货交易过程中最重要的一个部分，是每个想要成功的期货交易者所必须逾越的门槛。许多很有投机天分的交易者的交易账户都曾出现过巨大的盈利，然而后来却大幅回吐，这是什么原因？那必须是资金管理不当，当然进场、出场技术、止损的执行、情绪性因素等也是账面造成亏损的原因，然而最大的问题一定是资金管理和风险控制。

大多数人将资金管理只是定义为风险控制（止损）的概念，实际上资金管理包含"头寸管理"和"风险控制"两部分。资金管理中，头寸管理包括资金品种的组合、每笔交易资金运用的大小、加码的数量等，这些要素最终都影响你整个交易业绩。

简言之，资金管理就是管理你的交易资金的技能。有人将它称为一种艺术，或者是科学，事实上它是两者的一个组合，科学在其中占领导地位。资金管理的目标是通过减少失败的交易中的损失和最大化盈利的交易中的收益来累积资金。当你看到"行人"绿灯亮起之后，穿过马路的时候，你依然要左右看一看是否有疯狂的司机无论信号灯的信号而逆行横冲过来。不管什么时候你的交易系统给出一个交易信号，资金管理就好比过马路时左右看看那样，尽管最优秀的交易系统也需要资金管理的保护才能使你持续盈利。

最后克罗总结的资金管理要点：

（1）确定每一个市场的最大亏损限额。例如，本金的1%至3%，准确的数目则取决于账户规模的大小。对小额账户而言，把亏损限制在资本金的1%可能没有实际可操作性。由于止损限度太紧的话，是因为市场价格受到各种因素左右上下频繁波动，可能让你遭到一连串亏损。确立限额的技术没有什么神奇之处，它只是帮助强化约束力，用一种客观而系统的方式来控制亏损。

（2）将每笔头寸的风险与各自交易的最小保证金数额相当。把风险限制在这些保证金的一定比例之内，使得可承受的风险与保证金的一定比例相当是一种合理策略，特别对期货交易来说更是如此。期货交易的保证金是根据每一次交易来确定的，通常与市场的变异性相关联，并且间接地与各个市场的风险和利润潜力相关联。例如，芝加哥期货交易所（世界主要的谷物期货交易所），5000蒲式耳的大米期货合约保证金要求为675美元，而5000蒲式耳大豆期货合约保证金要求为1650美元，这是由于大豆市场是一个更具变异性和野心的市场。假如你的风险额限制在保证金的60%，则你在大豆合约上所冒20.50分的风险，只能在稻米上所冒8.25分的风险，这是由于你在大豆市场上的获利潜力比稻米市场要高一些。

（3）留有 2/3 当作储备金。交易者不应把超出资本金 1/3 以上的资金用于投机交易账户，当作持有头寸的保证金。而必须留有 2/3 当作储备，持有生息，充当缓冲层。

假如账户中的资产下跌，必须寻找机会缩减头寸，以便维持克罗建议的 1/3 比例。

（4）截断你的亏损。不管何时你建立一个投机交易头寸时，都必须清楚地了解哪儿是你的退出点（止损点），在哪儿你必须给你的经纪人下达止损订单。有经验的交易者，他们坐在联网的监视器前，心里都有一个约束点，在看到价格达到平安退出点时马上平仓。他们也许并不想真的给场内下达止损指令，特别当他们持有大量头寸的时候，是由于这可能会是一块磁铁，吸引场内交易者的注意去撞击这一止损价格。这里的关键就在于约束，不下达止损订单不必被用作过度滞留于市场的借口，也不必被用作耽误在止损点清盘的借口。

假如建立的头寸从一开始就与你所期望运动相反，下达正确的止损订单，能够让你在合理的亏损范围之内退场。

然而假如市场开始朝着有利于你的方向运动，就会给你的账户交易带来了账面利润，你又应该怎样对待止损保护呢?你自然想使用某种策略来推进止损价格，在市场出现逆转的情况下，不至于账面上可观的利润转化成为巨额的亏损。这里的格言则是："不要使可观利润变成亏损。"那么究竟如何动作呢?

建议的一项策略是：在每周五收盘后推进你的止损价格（若是买空的话，就应该提高止损价格；假如是卖空，则降低止损价格），数额大小相当于本周价格有利移动量大小的 50%。例如，假设你是卖空黄金，黄金市场一周之内下跌了 10.00 美元，则你必须在周五收盘之后降低你的买入止损价格 5.00 美元。然而如果市场在某一周里有悖于你所期望运动的话，必须保留原有的止损价格战术。最终市场总会逆转而把你截出。假如你已经受益于一次有利的价格运动，你将可以把止损价格推进到一个无损的止损点，并最终进入一个获利的地位。

很多交易者都会感到构建并运用交易系统非常难。实际上，构建交易系统说难也难，说简单也简单。机构投资者的交易系统需要上百种技术参数来支持，但市场上同样有适合中小交易者的简单有效的交易系统。

例如股指（价）上穿 20 日均线买进，下穿 20 日均线抛出，构成一个既客观又简单有效的交易系统。这只是一个例子，交易者可以在实战中构建适合自己的交易系统，并坚决执行系统的买卖信号，这样才能充分发挥它的优势和功效。

一个最简单的交易系统，至少包括四个部分：买入、卖出、止损以及资金管理。简言之，交易者要判断在什么情况下买进，买入多少，假如市场朝相反方向发展，就应该如何处理头寸，假如市场朝相同方向发展，又应该如何处理，等等。

对于如何买入，可以设定以下四个原则：

（1）用趋势做出判断，在简单的上升趋势中买进。

（2）用移动平均线做出判断，例如，短线交易在 5 日均线上穿 10 日和 30 日均线时买进。

（3）用支撑位做出判断，在前期支撑位附近企稳之后可以买进。

（4）用各种技术指标做出判断，以 KDJ 指标为例，当 K 线向上突破 D 线的时候，就可以买进。

以上四条原则就是买入的基本原则，当市场没有出现其中情况之一的时候，就不必考虑买进。此外，交易者还必须建立系统卖出原则。

对于止损来说，也必须要有自己的原则。实际上，建立合理的止损原则非常有效，谨慎的自救策略的核心在于不让损失继续扩大。不管任何时候保本放在第一位，赚钱要放在第二位，所以止损比盈利更为重要。

从实战经验来讲，趋势止损法、均线止损法、10%定额止损法、指标止损法等都能够比较合理地设置止损位，交易者还可以利用自己的交易性格和风格将这几种方法结合起来进行综合研判，从而制定比较合理的止损位。

此外，所有的止损必须在入市前就要设定好，而且破止损价是交易者退场的充分条件。"留得青山在，不怕没柴烧""不怕错，就怕拖"，当价格跌破止损价的时候，必须按计划实施，无条件退场，而不要心存侥幸。

制定好止损原则，尽管判断失误，所造成的亏损也比较小，然而不止损的结果通常是深度套牢，甚至是产生巨大的损失。

最后是关于资金管理的问题，这是交易系统中重中之重。斯坦利·克罗以为，真正的投资收益规则是，资金管理影响态度，态度影响分析，分析影响决策，决策影响收益。资金管理将直接影响到交易者的几个重要方面：

（1）影响交易者的风险控制能力。

（2）影响交易者的心态。

（3）影响交易者对市场的态度。

三、将亏损控制在一定的范围内

斯坦利·克罗最著名的一句话："只有时刻惦记着亏损，利润才能照顾好自己！"这句话指出了风险管理的重要性。

他认为，交易者有两个核心原则：一是必须要控制亏损；二是应该记住第一个原则，假如有违背，就依据第一个原则处理。所以，无论什么时候，一旦你开始亏损了，那么最好的策略就是减少仓位。持续亏损，仓位持续减少。只有你开始盈利了，才能渐渐地加大仓位。

一般来说，交易者出现亏损，一开始的时候还懂得如何处理，然而发生意外的亏损，超越了心理的承受限度，应该如何处理？

　　不理性的交易者通常会出现两种行为：第一种是被激发出来赌博的特性。此时，通常会有两个结果。有的人赌对了，所以，这个模式成为他心理上必须要做的模式。然而总有他赌错的时候。假如是杠杆交易，就基本被清洗出局了。第二种是认输出局。然而如果此时认输离开，你也丧失了挽回的机会。选择离场不该在亏损达到不能控制的时候才考虑，必须要在风险可控范围之内做出决策。

　　正确的行动应该如何？首先是降低亏损的额度，并且通过不断的小额试探寻找盈利的机会。只有在确定了自己还在盈利，并走上正轨的时候，才能逐渐地走上正途。

　　斯坦利·克罗指出，在丛林中一切的生命不管是大是小，第一位就是为了求生存。同样也对期货投机者们适用，但是求生存对投机者来说意味着"风险控制"和"制约"而已。追逐利润固然非常重要，如果与风险控制和约束这一对必要条件相比较，它就应该退居其次。

　　有很多好书详细地描述了我们这个时代权威的资产组合投机商的交易策略的技巧。很多天才的先生和女士，他们有着各种各样令人炫目的账本，其交易业绩使他们在证券领域成为备受赞誉的专家。研究这些账本，人们会为这些"市场奇才"和"资金管理人"专业知识的多样化所震惊：长期价值投资、短期投机、期权策略、股票投机、货币以及债券交易等。事实上几乎每一位专家进行个人交易时，与其他人都不太相同，很难在他们的专业行为中发现一点共同之处。然而除了一个例外，这些投机商的每一位均承认：风险控制和约束当然是他们全部成功要素中两项最重要的内容。这也是他们都认可的因素。

　　对交易者来说，要想能持续并成功地进行投机的最重要战术就是控制亏损，也被人们称为风险控制和"按原则交易"的约束。如果你能够控制住亏损，就能够使盈利增加，你就能够成为永久的赢家。

　　所以，交易者在交易过程中更要寻求一个系统的、客观的风险控制和制约的方法。

（1）任何交易都必须设立止损。期货市场中风险处处都存在，即便是趋势中的反弹行情，也会给交易者带来心理上的影响和很大的保证金损失，所以并不是顺势操作就不需要设立止损，任何一笔头寸的建立都应该设立止损。

（2）止损应该设置于入市前。期货的行情变幻莫测，如果事先不做好准备，等到行情发生反向变化的时候，就已经来不及了，这时候头寸的处理通常不经过理性的考虑，便乱砍一气。大多数交易者的巨额亏损都是因入市前没有设置止损导致的。

（3）根据个人的情况来设立止损。设立止损的方法有很多种，大多数是依据技术图形而定的，而在实际的交易中，仅仅通过技术图形而设立止损位是不合理的。例如，伦敦铜从 2004 年 3 月开始就在 2750~3057 美元/吨的箱体中震荡，假如根据图形进行操作，多单只要不破 2750 美元/吨就有持有的理由，一旦破掉箱体下沿就止损退场。而实际上是，大多数交易者根本承受不了这么大的损失。因此止损的设立应该根据自己的不同承受能力和资金状况而设置。

（4）最关键的在于止损的执行。入市前止损的设立是为了让交易者面对市场变化的时候，特别是亏损时应该明白怎么去做，但更关键的是交易者能否按照事先的计划执行。

总之，斯坦利·克罗认为，必须保持一种客观和务实的态度，明白何时要忍痛砍掉不利的仓位，决定何时结束赔钱的仓位时，仅按照交易者个人对那个仓位是否持续长久的看法来判断，是最不用大脑的方法。交易者觉得某个仓位有盈利潜力，或者哪个仓位没有希望必须放弃，甚至清掉之后进行反向操作，这二者之间并没有什么区别。保证金的一定比率，决定任何仓位的允许风险。一旦仓位有很好的利润，那么你就要开始根据某个预定的技术方法往前移动止损点，这个方法有很强烈的理论依据来支持。将自己的止损点设在远离很多投机客的所谓合理的图形点之外。这些大家都一窝蜂地设立止损点，往往会成为箭靶。

四、斯坦利·克罗的控仓策略

斯坦利·克罗说过，一流的策略和战术是所有成功交易的关键所在。

他认为："在入市前必须做好一套策略，并且兼顾盈利和亏损的仓位。交易策略和战术——让盈利的仓位赚得更多，亏损的仓位赔得更少。"

下面是斯坦利·克罗的主要交易策略：

（1）在盈利头寸上，克罗就是一个长线系统交易者，往往在盈利头寸持有超过6周；在不利头寸上，他就是一个短线交易者，往往亏损头寸持有不超过2周。

（2）克罗是一个技术型交易者，运用的进出信号以价格为基础。除非市场震荡十分厉害，否则的话他不采取执行决定的方法，而是根据系统信号去执行。

（3）克罗跟踪并交易26种不同的期货合约，遍布美国各主要市场以及中国香港和新加坡商品交易所的市场。在每个市场中只挑选主要合约的最活跃月份进行操作，资产组合中各品种具有较弱的相关性。

（4）假如克罗被过早地离场，而第二天市场依然保持原有的走势，他就会使用他的客观进入策略，按照同一方向重返市场。

（5）克罗的新账户进入策略往往是等待新的信号，然而假如他最近的一个进入信号表现为亏损，他可能根据交易的天数和近期市场动态进行操作。

（6）止损限额在每天开盘之前输入，并且每天在每个头寸实行一个限额。克罗在每一市场头寸上冒的风险（根据头寸大小）平均是账户资产的1.0%至2.0%。

（7）克罗在每个市场中使用严格的风险控制限额。典型的就是每份合约的初始风险，或者资金管理止损限额设置小于 1500 美元，而支持长期交易的准确数据是由历史验证来决定的。假如止损限额太宽，就会产生无法承受的高额亏损；假如止损限额太窄，就会使交易频率上升，每笔交易的利润就会下降。所以，止损限额的确定就必须允许交易时间有一个发展伸缩的余地。

（8）克罗对于做多或做空并没有偏好。他认为，进入市场交易所求的是盈利，对于多头或者空头不必有任何的偏见，只要有利可图，随时变换自己的部位，跟随趋势乘胜追击。对股价指数来说，量的规模越大，价的级数就会越大，交易者就要修正原先的工具时间参数，特别是摆荡型指标，否则的话以目前的行情，也许大多数人逐渐不敢做空了，然而在心理上却一路看空上去。

（9）克罗不存在每笔交易都要做到最高或者最低价的想法。他几乎一直在市场中交易他的多数合约，一旦建立一个趋势就跟进头寸，他就假设每一笔头寸其结果都是跟随大势的，并尽量长地随着这一趋势移动，而止损限额会"告诉"他什么时候从市场逆转中抽身而退。

五、结束亏损头寸，持有有利头寸

斯坦利·克罗说过："良好的交易策略必须是让你既能在上涨的市场中，也能在下跌的市场中同样获利。然而在很多重大的事件中，我们历经的市场几乎同时表现为既向上移动又向下移动。很多稳定的上涨趋势被剧烈的价格回落所隔断，这些价格的下滑通过截出投机性多头头寸把上涨趋势快速隔断。市场在清理了这些止损订单之后又重新恢复原来路线。反之，很多熊市趋势却经历了同样剧烈的价格高涨。这些价格高涨通过清除投机的保护性买入止损订单，把软弱的持有者敲出其有利空头地位，然后又重新恢复熊势市场。"

他指出：逆行市场的震荡有着反复无常、极其剧烈的特性，这让保证金部门比以往更加受到人们注意。当你接到曾熟悉的追缴保证金的通知的时候，你应该如何应对？

长期以来，斯坦利·克罗曾经很多次地与期货交易中的交易者谈到如何应对追缴保证金的策略。通常来说，大多数交易者对待追缴保证金的态度是非常矛盾的，而且并不统一。在这个方面他们需要指导才能做出可行的、策略性的反应。

催缴保证金通知有两种：新业务催缴通知与维持款催缴通知。交易所条例往往要求新业务催缴通知与新资金的存入相对应，而不需要通过清盘达到保证金要求。维持催缴通知则既能够与新资金的存入相对应，也能够减少头寸来达到保证金要求。维持催缴通知就是保证金催缴的最常见形式，遗憾的是，很多交易者在遇到追交保证金的要求时会不可避免地做出错误的决策。

为此达到保证金要求的选择有两种：投入新的资金或者减少头寸。

在一般情况下，斯坦利·克罗并不赞成存入新的资金来达到维持催缴保证金的要求。催缴本身则是一个明显的信号，表示这个客户营运不好，或者至少一部分头寸业绩不好，毫无道理要用新钱去保卫一个没有盈利的头寸。

斯坦利·克罗认为，恰当的策略就是通过清理一部分头寸来减少保证金要求和降低风险程度。怎样能达到这一目标？你可以使用一种为成功的专业交易者所了解的简单并且基础的策略来实现这一目标。对那些按照市场定价表现为最大账面损失的头寸加以清盘（特别是在这些头寸与目前趋势方向相反的情况下），可以通过结束有最大亏损的头寸达到减小风险程度的目的。通过保留那些与目前市场大趋势相一致的最有利头寸，甚至增加这些头寸（步步累进式手法），可以维持自己的盈利潜力。余下的部分就是保留趋势跟进头寸，清掉逆趋势头寸。这很明显地有利于最终的交易成功。

非常遗憾的是，大多数交易者选择了结束其盈利的头寸、持有亏损头寸的策略。这种结束盈利头寸而维持亏损头寸的策略代价是非常昂贵的，这也是不成功的交易者通常采取的典型策略。成功的交易者所使用的技巧是结束亏损头寸，持有甚至增加盈利的头寸。

六、交易者必须控制重仓交易和频繁交易

斯坦利·克罗说："我们每个人都曾经有过非常深刻的印象，发现自己在纸上的投资组合表现远远比实际的投资组合要好。投资报道和经纪商所鼓吹的模拟操作和示范组合，也会出现同样的情况。过于沉浸在输的恐惧中，造成投机者过度交易，不是所建的仓位太大，就是进出过于频繁。"

他认为，交易者必须控制自己的重仓交易和频繁交易，这是非常重要的。在此方面上，斯坦利·克罗的一般原则就是：每个期货仓位都必须有 2000 美元至 4000 美元作为后盾。

另外，日内交易和做短线的行为必须留给专业交易者去做，由于专业交易者的资金往往较为充裕，他们有丰富的经验，只需要支付很低的手续费。在这里，耐心与纪律是必要的素质，由于懂得和能准确运用进出时机的交易者，即使本金不太大，也能够因此积累利润。进出金额大的交易者，假如交易者战术上漫不经心或是进出时机不准确，那么他们并不能赚钱。

斯坦利·克罗指出，大多数交易者在对市场缺乏研究的情况下就过量操作。他们运用手头很贫乏的信息就去大笔建仓。有的交易者由于贪婪而寄希望于更大获利空间，最终让手中的盈利头寸变为亏损，实际上这

就是缺少节律。因为贪婪，有的交易者会一次性下注，满仓入市。

他们在日交易中不断地频繁进出，结果造成保证金亏蚀；此后，他们又不愿意接受小额亏损。有的交易者满仓操作，在市场形成巨大波幅的时候，被迫斩仓退出。

重仓必死。并非说重仓一次就死，而是说，通常重仓一定死。原因非常简单，操作期货久了，一定遭遇某些极端情况，一次极端行情或者突发事件，重仓交易都有可能导致一半以上本金亏损，甚至是爆仓。俗话说，夜路走多了，早晚会遇到鬼。日内能够短线在严格控制止损的情况下，偶尔重仓，或许能够接受，然而隔夜重仓，绝对就是自杀的行为。重仓就相当于你将子弹在一场战役刚一开始就全部打完了，战争还在持续，但你却没有子弹了，后面大家还如何玩？假如运气好，这场战争是我方获胜，当然你这次能够赚钱了，然而总有一次你会遇到一场失败的战役，到那时候你付出的就是你的生命，一次就可以要你的命。必须记住，命只有一条，我们是来玩一场又一场游戏的，并不是来赌命的。请你必须要明白，永远不要赌命，否则的话就不要来玩游戏！我们的口诀就是："轻仓操作，能活最长。"

大家都知道，期货交易的一个重要特点就是保证金交易制度。这种杠杆式的交易方式，让风险成倍增加。所以，轻仓交易，应当成为我们操作期货的一个重要的基本出发点！轻仓与顺势、止损等基本的理念一样具有最重要的意义。

操作期货的最重要的目标则是盈利、持续盈利、最大化盈利。所以，只要是有利可图的，而同时将风险管理好的话，就能够最大化地扩大盈利规模。这与我们大家常见的操作理念："最小化亏损、最大化盈利"是完全相同的。

从这个意义上说，期货交易就产生了另外的一个衡量标准——盈利与否。简单地说：只要是盈利的，则持仓规模越大越好、持仓时间越长越好；相反地，只要是亏损的，则持仓规模越小越好、持仓时间越短越好。

那些高手们从来不会与市场重仓对赌，只会跟随趋势的发展有计划地逐步增加仓位，由于他们明白市场走势常有出人意料的地方，唯有长久的获利才是胜算。而那些低手总是希望急于一朝暴富，重仓出击，尽管偶尔有赌对的时候，然而久赌必输，最终他们什么也没有得到；高手们从来不贪婪，他们按照规则进行金字塔加码，不管走势好坏，都能够有所收获。而低手们则急于加码扩仓，最终行情发生反转的时候，一败涂地。虽然重仓或者满仓操作有可能使你立刻增加财富，然而更有可能让你快速暴仓。财富的积累是与时间成正比的，这是期货大师的共识。靠小资金获得大波段的利润，资金曲线的大幅度波动，它的本身就是很不正常的现象，唯有进二退一，稳步地拉升才为成功之道。

七、严守纪律，紧抱仓位

斯坦利·克罗说："交易者应该具有强烈的耐心和纪律。只要市场走势依然对自己有利，或者在技术系统没有出现反转的信号之前，交易者应该极有耐心和严守纪律，紧抱仓位。"他是这样解释的：

"我曾经见过很多神气十足、得意忘形的投机客，他们上对了动力十足的单向市场（往往是上升市场），积累了大量的账面财富，一旦市场反转而下挫，不仅原来的财富转眼成空，而且还倒进了老本。真正的专业交易者在于他们忍耐的力量——他们能够度过不能避免的逆流，从而最终能够胜出。当然，交易不顺的时候感到泄气，这是人之常情。尽管你想方设法地保持客观态度与严守纪律，然而任何一笔交易还是有转坏的可能。我们均经历过这些时候。我发现，对付这一时刻的最好方法，就是远离市场，待在场外，一直到自己头脑清醒，态度变得积极乐观为止。

当你回到市场的时候，它还会在那儿。"

"当然，我想买入白银。它上升得很高了。然而我在等到'合适'的买入时机。对大趋势判断还不太准确，假如你的时机不正确，即便方向正确了，你也会赔钱。我是在等待：

（1）小趋势下挫，同时大趋势还是上扬的。

（2）市场上扬之后再回调 40% 到 50%，同时成交量和看涨的热情在下降。

（3）回调到合理的支撑区，例如，下挫到以往的主要阻力区，此阻力区已经被上涨的市场打破了，因此目前是支撑区。

"因此我等……等……等……继续等……"

其实，耐心就是等待趋势明确之后才能下单，耐心就是等待交易系统信号发出才能下单。例如，两军交战，你确信 A 军会胜利，然而战场上却是 B 军在不断向前推进。请问，此时，你是否要加入战斗呢？假如这个时候加入战斗，你会站在哪一边呢？假如你是个顺市交易者，那么，你目前不该加入战斗。你只需要耐心地等待，等到 B 军已经不可逆转地溃败时，再加入到 A 军一边投入战斗。关键是，你要能辨别 B 军是真的溃败了，还是在诱敌。一个品种，你觉得已经上涨很高了，早晚都会跌下来，既然早晚都会跌下来，你为何不等到它开始下跌的途中再去做空呢？而为何还在上扬的时候就要去做空了呢？你担心立刻会趋势反转会一下子跌到底吗？在上升趋势中想着去做空，这属于典型的逆市操作方法。既然你想到已经超涨的某个品种早晚会跌下来，最好的办法是等待该品种下跌趋势很明确之后再去做空，这样是最稳妥的方法，摸顶的心理是要不得的。

斯坦利·克罗认为，成功的交易者永远严守纪律，在场外保持客观的态度，一直到他能向大趋势进行的方向进场为止。即便在这个时候，你还是要谨慎小心，不要跻身到没有任何章法的市场里。由于有的不按牌理出牌。没经验的投机客可能莫名其妙地操作了一张大单子。尽管你是往趋势行进的方向交易，在不可避免的价格回调期间，更必须严守纪律和发挥耐心。

斯坦利·克罗还总结出如下的法则：

（1）市场就如同一个伟大的财富分配器，它不会考虑任何一个人的资金大小，它只会奖赏有耐心、有纪律、有能力的人。

（2）耐心与纪律是不可缺少的素质，由于懂得和能准确运用进出时机的交易者，尽管本金不大，最终也能够获得巨额的利润。

（3）在很多必备的人格素质中，耐心与纪律可以说是难兄难弟；在所有的交易市场中，耐心与纪律都是非常重要的。

（4）投机性交易的时候必须有耐心，严守纪律，还要把眼光放远。

（5）我见过以仓位为导向的成功交易者，他们极有耐心地持有仓位长达两年之久，在整个期间之内，不断地将快到期的合约换成更远月份的合约。

（6）你说得非常正确，有的时候是有圈套，然而这些圈套正是交易者必须具备和运用强烈的耐心和纪律去度过的地方。

（7）你不必非常优秀，只要有耐心和严守纪律就行了。这样的话，你才能从头赚到尾。

（8）阻碍长线交易成功的最重要因素就是觉得单调乏味和丧失纪律。交易者必须学会如何很有耐心地坐等盈利，在持有顺势的仓位以后，才能有赚大钱的机会。

（9）非常遗憾的是，大多数投机者只在持有逆势的（亏损）仓位时，才很有可能展现耐心和坐而不动的功夫，当然他们也要为此付出极高的代价。

（10）我一再指出，长期的大趋势，特别是下降趋势，不会快速反转。它们通常会维持一段让人无法忍受的时间，伴随无法计数的假信号，导致大多数交易者惨遭洗盘出场。你应当发挥耐心和严守纪律，等待你的技术指标或者系统告诉你反转已经发生，在此时才跳上新出现的趋势。

（11）很多人必须要在趋势明显的市场中抓顶部和底部，亏损的钱与他能合理预期赚到的钱根本不成比例——每份合约输掉 15000 美元或更多。你可以想象，一旦亏损这么多，当市场发出下一个趋势的信号的时候，这是真实的信号，损失巨大的人也不会有太大的兴趣。但是如果不是每手亏损几千元，而是不到 1000 美元，情况会如何？他应该耐心地等待系统或其他技术方法发出的信号。他可以在新的仓位再投入 1000 美元去冒险。如果你的系统或技术方法是可行的，那么你迟早会在自己的仓位上赚大钱，而不要计较之前输掉过的小钱。

（12）在一个市场中，14% 是上涨趋势，48% 是下跌趋势，38% 是横向盘整——在此情况下，交易者盲目做多的确不是时候。实际上，在此情况下，最周全的策略就是，投资组合中做多的部分不宜超过 15% 至 25%。然而，这个合乎逻辑的市场策略，必须要伴随耐心，使得你顺势交易的仓位能够获得充分成长，完全与整个趋势的动向相配合。那些知名交易者之所以能够赚大钱，是因为他们很有耐心地持有顺势的仓位，而耐心很明显就是一把"双刃剑"。如果你很有耐心地持有逆势的亏损仓位，就是等于购买了一张亏损巨大的门票。

（13）尽管你是朝着趋势行进的方向交易，在不可避免的价格回调或者反弹期间，你更要严守纪律和发挥耐心。回调或者反弹是现场交易者和商业公司导致的，其目的就是洗出心志不坚的持有者，从而为自己创造更多的财富。

（14）实际上，在期货交易史上，多的是"聪明"的交易者，在错误的顶部和底部一头栽进市场，尸骨无存。他们逢高就卖出，见低就买入，理由非常简单，由于他们没有耐心，在做出技术分析的时候缺乏理性，并且市场涨跌过多、过快。

（15）洗盘的亏损，则是顺势交易不可避免的一部分，交易者应该要有耐心，资金也要雄厚，经过一连串的洗盘亏损，等待大行情的来临，就会大赚一笔。

（16）实际上，时间的研判是技术分析中最不准确和最没有关系的因素。很显然，要玩这个游戏，耐心就是一个必要的前提。

第六章 保罗·都铎·琼斯控仓的秘诀

人物简介

保罗·都铎·琼斯（Paul Tudor Jones），是华尔街操盘高手。2009年，他的个人估算价值约为63亿美元，并于2007年3月被福布斯排行榜评为世界上最富有名单第369位。

保罗·琼斯从做经纪人起家，1976年开始做起，第二年就赚了100多万美元佣金。1980年他到纽约棉花交易所当现场交易员，几年之内赚了上千万美元。1984年他离开交易所，创建都铎基金，从150万美元做起。4年后投资到他的基金的每1000美元已增值到1700多美元。到1992年底，都铎基金总额已增长到60亿美元。

保罗·琼斯过人之处，其中一点在于利用相反走势理论，在市势的转折点买入或卖出，同一时间，每次买卖他都会设立止损盘。所以在试图卖出的时候，通常出现下列情形，在高位卖出摆下止损盘，市价创下新高，止损平仓，再次卖空，再次止损，周而复始。

投资策略及理论：当操盘情况不佳时，减量经营；当操盘渐入佳境时，增量经营。千万不要在你无法控制的情况下，贸然进场交易。

具体做法：别太在乎进场的时机，重要的是你当天是做多还是做空，并且尽量在临收盘前进场。他会先预测市场的走向，然后以低风险的方式试探。如果一直不成功，他会改变对市场的看法。

对投资工具的看法：好的交易员应该比电脑系统能赚钱，因为人脑能够灵活变通，更快地适应市场的变化，以及不同市场之间的差异。

控仓名言：当你交易不顺时减仓；当你交易顺利时加仓。永远不要在无法控制的情形中交易。例如，我就不会在重要财报公布之前重仓一只股票，因为这不是交易，是赌博。

一、以低风险的方式试探

保罗·琼斯说过："我会先预测市场的走向，然后以低风险的方式试探。我一直在寻找低风险、高收益的投资机会。没有什么理由应该让你大幅增加杠杆，你应该寻找有利于你的风险收益情况。在这些情况下，你可以做一系列投资，这些投资风险相对较小，一旦成功收益很大。"

他的买卖策略与众不同。他不愿意"随大溜"，极少追势，总是喜欢在转势之际赚钱。他自认为自己是最大的机会主义者。一旦他发现这种机会，就进场兜底或者抛顶。错了立即就砍仓，然后再试探，往往是试了几次之后开始赚大钱。市场上很多人认为一味找底或顶相当危险，要赚钱最好抓势的中段。琼斯十多年来却成功地抓住了不少顶和底。琼斯的理论是，跟势的人要在中段赚钱，止损单就得设得很远，一旦被迫砍仓，损失就非常大。再说市场只有 15% 情况下才有势，其他时间都是横走。因此他比较喜欢做两头。

保罗·琼斯觉得期货市场任何人都操纵不了。大多数人有一种错觉，认为华尔街大户能控制市场价格的变化。琼斯说，他可以进场闹腾一两天，甚至一个星期，特别是若时机正确，他进场以后加加油，可能造成某种假象，但他一停买，市场价格便会掉下来，除非市场本身就非常强劲。他打了个生动的比喻：你可以在冰天雪地的阿拉斯加开一家最漂亮的夏装店，然而没人购买，你总归要破产。

琼斯还注意与同行交流，尤其是战绩较好的同行。假如自己意见与他们一致，则他便多做一点，假如有非常大分歧，他便观望。本来他看好某一种货币想买入，但得知某位高手在抛出的时候，他便耐心等待。等到有一天市场开始走平，那人说我看该出场了，他便进场大买特买。琼斯在具体分析手段方面最推崇"艾略特波"理论。他认为自己的成功相当大一部分应归功于这一周期理论。艾略特波理论是凭借黄金分割法推算市场涨跌周期的一种分析方法，在股票和期货市场广为应用。琼斯认为期货市场也不例外。艾略特波理论吃透以后，能够帮你找到很多低风险、高收益的进单机会。

谈到成功的秘诀，保罗·琼斯认为自己的长处则是超脱。任何已经发生的事均成为过去，3秒钟前发生的事无关紧要，关键是下一步怎么办。感情上离市场要远一点，以前的看法不对就得立即修改。思想要开放，信心要坚定。他自己虽然偏好做两头，找逆转，但都铎基金也运用了几套跟势的电脑交易系统，成绩也非常不错。但琼斯认为好的交易员应该比电脑系统能赚钱，因为人脑能够灵活变通，更快地适应市场的变化，以及不同市场之间的差异。

二、仓位必须保持弹性

保罗·琼斯的交易风格是：当操盘情况不佳时，减量经营；当操盘渐入佳境时，增量经营。他强调："千万不要在你无法控制的情况下，贸然进场交易。例如，我绝不会在经济指标公布前进场，因为这根本就是赌博，不是交易。如果你所持有的部位呈现亏损，解决的方法其实十分简单：出场观望。毕竟你随时能够再进场，没有其他方法会比重新出发来得更令人振奋，别太在乎进场的时机，重要的是你当天是做多还是做空，并且尽量在临收盘前进场。"

保罗·琼斯从事交易时，希望他持有的部位能按照预测的方向前进。假如预测错误，他也可以全身而退。

有一天，保罗·琼斯把记者的采访安排在下午 3 点 15 分，正好是除了股价指数之外，各期货市场都已经收盘的空当。尽管如此，记者依旧担心在这时进行采访可能会受到干扰，因为记者知道史坦普股价指数（S&P500）期货是琼斯的主要交易标的之一。实际上，在记者抵达的时候，琼斯正在进行史坦普股价指数期货交易。

记者等到琼斯下完单以后，才向琼斯解释他并不想打扰琼斯的交易。"或许我们应该等到市场收盘后再谈。"记者说。"没问题，我们开始吧！"琼斯回答。

琼斯对其交易的启蒙导师伊利·杜里斯（Eli Tullis）推崇备至。杜里斯最受琼斯崇拜的特质，也许就是他控制情绪的意志力。琼斯回忆说，杜里斯在其资产遭到最严重亏损的时候，依然能够不动声色地与访客天南地北地聊天。

琼斯本人其实已经得到杜里斯的真传。在他接受采访的当天，股价指数期货临收盘突告大幅上扬，造成琼斯亏损 100 万美元。然而，他依然神色自若，而记者在结束采访的时候，才发现他在接受采访期间，曾遭到重大的亏损。

这次采访的时间并不充裕，于是两周之后，记者又去拜访琼斯，进行第二次采访。第二次采访的时候，有一件事值得一提，琼斯在第一次采访的时候，曾经大量放空。但是在第二次采访的时候，他却改成做多。他显然是因为原来的预测错误，而改变了对股市后市的看法。

"市场上显然已经超卖了。"琼斯在第二次接受采访的时候，斩钉截铁地对记者说。琼斯对市场的看法在短短两周内即产生 180 度的转变，凸显出琼斯的交易风格具有很大的弹性，而这项特质正是他之所以能够获得成功的主要因素之一。琼斯不仅能够马上出清原先持有的部位，同时还能够果断地在事实证明其原先的预测错误时，转向相反的一方。

这是一个有益的教训：如果发觉弄错了，就应立刻纠正。如果当时心胸狭窄一些，面对于己不利的证据仍维持自己原来的头寸，或者拖延等待，希望看看市场能否恢复的话，他就会遭受巨大的损失。这种善于接受痛苦的真理，并毫不迟疑，毅然决然地做出相应反应的能力，是一个伟大投资者的标志。

在资本市场这个创造机遇、吞吐风险的舞台上，人人都想长袖当空、力图有所建树。然而真正的投资天才毕竟屈指可数，大多数参与者由于自身的某种局限性对市场认识总有着一定偏颇，而正是这种预测分析与具体实战之间的偏差增加了交易者的生存机会。

证券市场中有两句名言：一是"宁可错过，不可做错"，谋定而动，风格偏于稳健保守。分批进出，分散风险的投资组合理论则是其实践要诀。二是"有风驶得帆船尽"，即甘冒大风险追求高利润。这一买卖策略颇为激进，盈亏得失全视买卖的时机是否恰到好处。琼斯以为要在风险投资领域中长期滚打，总体上要以"宁可错过，不可做错"的谨慎来保持资本实力，而欲最终获得成功并博取厚利，关键在于把握"重磅出击"的决胜机会，以"有风驶得帆船尽"的果敢实施决战策略。

其实股票的涨落都存在着自发买入（卖出）和响应买入（卖出）的过程，而往往中期底部都是空方能量释放，自发买入行为出现所形成的。而资金管理的宗旨不外乎"让利润充分增长，把亏损限于最小"。故我们始终应采用复合头寸来进行交易，即弹性持仓。所谓复合头寸，是指将除现金以外的持仓单位分成交易头寸和跟势头寸两部分。跟势头寸图谋中长期的有利之处，大多从基本面分析入手，选择调整较为充分的个股从底部介入，并设置较远的止损指令，经验表明一般在 20% 左右；交易头寸则用来从事较为频繁的短线运作，相应安排比较接近的止损指令，一般在 10% 以内。两类头寸据实际市况调整比例，从而增加了总体资金的灵活性。

此交易方式的特点及优势在于：

（1）切实实施了适时的资金管理。部分资金落袋为安，对市场一些随机漫步现象可以形成风险控制。

（2）注重了不同周期个股的节奏及不同时间尺度技术信号的把握。市场走势强弱的转化通过数据统计形成了技术指标，因此，技术指标的超买超卖实质上就是市场强弱两极，而金叉、死叉等买入（卖出）信号往往代表着对强弱转化的确认。因此，几个复合型买入点比单独的买入点更具有系统性，实战价值更高。

（3）明确了交易的目的性，减少了盲动及交易目的前后自相矛盾的现象，有利于保持良好的操作心态。依据自己当前的交易目的，选择不同的买入点及资金投入量，更有益于感受市场的强弱变化规律和中线波动趋势。

就弹性持仓技巧的增减仓量，琼斯有几点经验，即底部建仓一般在总仓位的30%，其后主要依据形态的突破进行增仓，当股价在上升通道和箱体运行时一般宜在通道下轨或箱底附近增仓，幅度在20%左右；当处于不规则上涨状态时，则依据技术指标的买卖信号进行增减仓，主要以MACD、KDJ的金叉信号为主要判断依据，幅度控制在20%左右。

（4）贯彻一切从市场实际走势出发的作风，增强了顺势而为的可操作性。避免全仓进入调整期，减少了机会成本，也有助于提高总的交易成绩。

三、交易最重要的是防守而不是进攻

保罗·琼斯认为他对市场的长期走势有十分强烈的预感，但是对短期走势则难以掌握。所以，他通常在认为市场朝某个方向发展时，事先进场作试探性的进出。假如一直不成功，他会改变对市场的看法。

琼斯具体的交易原则是：不平均加单。一批单子进场以后，市场反走说明判断可能有问题，盲目加单平均价位虽然稍好，但若方向错了，新加的单只是错上加错。反过来讲，假如你相信方向没错，只是价位不够好，那就不必过于计较。琼斯认为，哪里进单不重要，关键是这一天你是看涨还是看跌。新手最爱问琼斯：你是买进还是卖出呀？琼斯认为他是买进还是卖出不应该影响别人对市场的判断。新手也要独立思考。再一个问题就是：你从哪里开始买的？琼斯认为这也与当天是赚还是赔无关，关键是判断上涨与下跌。

琼斯认为，交易最重要的是防守而不是进攻。他每天都假设自己进的每一张单都是错的，事先设好止损位，这样他对最多一次会赔多少心里有数。琼斯奉劝所有交易员不要逞强，更不能自负。要不停地怀疑你自己，怀疑你的能力，永远不要自以为了不起。你一飘飘然就完蛋。这并不是说对自己毫无信心，信心一定要有，但适可而止。琼斯自言他对这行是越干越怕，因为他知道要保持成绩有多难。每次大输往往均是在连续做了些漂亮单以后自我感觉良好之际。

他认为，假如感到不安，则及时清仓，离场以后神志清醒，有利于重新部署出击。

保罗·琼斯投机买卖非常成功，多年战斗下来，累计利润非常可观，但对于每天买卖，仍旧十分小心处理，丝毫不敢掉以轻心，保罗·琼斯懂得投机买卖是长远的斗争，不可逞英雄，不可自满，对自己的能力，要经常发出问号。如临深渊，如履薄冰，才是正确的作战态度。只要你稍稍觉得自己英雄盖世，充满飘飘然的感觉，下一个战役便会令你一败涂地，打胜仗之后切莫因为自己预测准确而不可一世，信心固然重要，但要防范因太过自信而误事。

为此，保罗·琼斯制定一些重要买卖规则：

（1）在任何价位入市也不重要，每天都要以当时的形势，重新衡量是否应当继续持有合约。

（2）以上日的收市价作为今日的入市价位看待。

（3）投机买卖首先要注意坚固后防，先稳守后图出击。

（4）每天对手上持有的合约，如果已经出错，小心摆设止损盘，如此这般，可以控制风险。

（5）经过上述小心部署之后，入市买卖就会全无压力感，可以尽量享受人生。

（6）入市正确，固然可以顺水推舟，买卖稍不如意，由于早有脱身的计划，两者都不会造成困扰。

总之，经过多年成功的经验，保罗·琼斯对于投机，依然不会踏入过分自信的陷阱。保罗·琼斯说："相对于初入投机行业，我觉得自己的胆子越来越小，我知道在投机市场立足，长期以如临深渊、如履薄冰的心情作战，是必要的。"

四、不要过量交易，保持仓位动态平衡

保罗·琼斯的交易生涯并非一帆风顺。在 1979 年他逞一时之勇，一次进单过多，结果连遇跌停板，等平仓出场时资金损失达到 2/3。

1979 年的棉花市场，琼斯当时有很多个投机账户，而且大约持有 400 张 7 月棉花期货合约。当时市价是在 82 美分至 86 美分之间震荡，而他则在每当价格跌到接近 82 美分的时候进入。

一天，市场价创下新低，然后又马上反弹约 30 至 40 点。保罗·琼斯当时以为市场的这种表现，是价格触及止损价格所导致的。既然已经引发止损的情况，市场显然正蓄势待发。保罗·琼斯站在交易厅外面，要他的经纪人以 82.90 美分的价格买进 100 张 7 月合约。这在当时算是十分大的一笔买单。保罗·琼斯在下单的时候，心中不无逞强斗勇的心理，于是保罗·琼斯的经纪人为他出价 82.90 美元。正巧经过他身边一名拉会科（Refco）公司的经纪人马上大叫："卖！"。这家经纪公司当时拥有大部分可以在 7 月交割的棉花库存。到这时候保罗·琼斯才明白，市场在 82 美分至 86 美分的震荡，并不是蓄势待发的盘整，而是盘旋走低的前兆。

保罗·琼斯眼睁睁地看着市价一路下挫到 78 美分。他实在不该为逞一时之快，而买入那 100 张合约。

当那位经纪人大喊"卖"以后，大家都转头看着琼斯。琼斯身边的一个家伙还对他说："如果你要去洗手间，最好赶快就去。"他说琼斯脸色白得像鬼一样。琼斯记得当时他转过身，走出去喝了一杯水，然后回来告诉他的经纪人："能抛多少，就抛多少。"60 秒以后，市价跌停，而保罗·琼斯只卖出 22 张合约。

第二天，市场开盘下跌 100 点，而保罗·琼斯则是从开盘就尽力抛出。结果到市价跌停的时候，他一共只卖出约 150 张合约。到收盘的时候，琼斯有些合约的抛售价格甚至只比他当初发现市况不对劲时候的价格低 4 美分。

这笔交易的最大问题不是他损失惨重，而是他的交易量远超过他账户中所能负担的损失金额。结果，单单这笔交易就损失了他 60% 到 70%的资金。

保罗·琼斯情不自禁地责问自己："蠢蛋，为什么要孤注一掷、自寻苦果？"

然而琼斯也下决心要学会自我约束与资金管理。这次惨痛的教训使保罗·琼斯不禁怀疑自己做一名交易员的能力，可是他不放弃，要卷土重来，东山再起，并且要做一个非常自律与专业的交易员。

保罗·琼斯说："任何人从错误中得到教训远超过从成功中所学到的东西。"通过这次失败，保罗·琼斯总结出这样的教训：

第一，绝不要与市场争强斗狠。

第二，绝不交易过量。

在期货交易当中，是因为采用了保证金交易，从而让保证金水平总是随着价格的波动而波动，而账户权益也会因盈亏情况的变化而变化。保证金与账户权益的比率我们称为仓位比率，也叫作持仓比率。在实际交易之中，资金管理占有极其重要的地位，运用恰当的资金管理方法有利于提高盈利水平，并且促进交易的稳定性。

当前市场上常用的资金管理方法多种多样，各有利弊。保罗·琼斯在此介绍的是一种弹性资金管理方法，即仓位动态平衡法。当前在大多数交易计划中，采用静态固定方法者比较多，即持仓数量在价格触及止损位与目标位之前，始终保持在一个固定的数量。此方法简单易用，但也较为笨。交易者的长期获利取决于盈亏比和连续成功率保持在较高的水平，运用仓位动态平衡法，可在静态管理方法的基础上增加单次交易的盈亏比，从而提高长期获利水平。

所谓仓位动态平衡法，即是将持仓保证金占总账户权益的比率始终维持在一个固定比率，而其账户持仓量就随账户总权益和单位保证金的改变而改变。

大家都知道，在持仓数量固定的情况之下，价格变化导致的保证金水平变化和盈亏导致的账户权益变化之间是不一致的。也就是说，在做对方向的时候，仓位比例越变越小；在做错方向的时候，仓位比例越变越大，即在计划盈亏比之内，只能达到限定亏损，然而难以做到扩大盈利弹性。而运用仓位动态平衡法，即在仓位比率一样的情况下，在做对方向的时候，持仓量持续增加；在做错方向的时候，持仓量持续减少。简单来说，在盈利时加仓，在亏损时减仓。

运用仓位动态平衡法，能够减少损失，增加盈利，进而有利于提高单次计划操作的实际盈亏比。提高的幅度，则取决于运用的仓位比率、市场波动率以及仓位调整的时机。

在实际交易中运用什么水平的仓位比率才较为合适，要根据个人和市场情况而定。一般情况下，通过常规决策体系制定的计划，尽管在基本面和技术面均达到共振的机会，其仓位比率最好也不得超过 60%，而非常规决策体系运用的操作，其仓位比率最好不得超过 30%的水平。通常的经验是比较倾向于单品种仓位比率不超过 30%。由于这一比率水平可以让交易者的思维心态处于较稳定的状态。

总的来说，只要交易者把自己的头寸保持在一个固定合理的仓位比率下，无论价格如何变动，都能够以通过仓位的动态平衡调整来达到交易心理的平衡稳定。

实际上仓位动态平衡法，能够看作是一个辅助的风险控制与盈利增强手段。这一动态平衡调整是在计划盈亏比区间内的调整。简言之，假如计划平仓条件一旦被触发，那么不再调整持仓头寸，而应该按交易计划全部了结。

任何的资金管理方法均有利有弊，仓位动态平衡法也如此。例如，在震荡行情中会导致仓位动态调整过频，增加调整成本与损失风险，并可能对交易心理带来负面影响。所以，仓位动态平衡调整时机，以及对市场波动率的把握，是交易者应提高的技能。

五、控制风险，确保成功

在所有的交易中，都必须将风险放在第一位，通过资金管理，及时调整仓位，确保损失的最小化，是在期市中生存的首要法则。保罗·琼斯在经历了一次惨痛的教训之后，才深切了解到控制风险的重要性。自从 1979 年那次冒失的棉花交易以后，琼斯就尽量降低其风险，来确保每笔交易的获利。保罗·琼斯这样认为：

"做趋势的人，需要先用轻仓对趋势进行确认，而不能一次加仓到目标仓位。趋势交易追求的是较好的价位，而不是最好的价位，因为最好总是和风险相伴而行。"

"期货交易最大的风险，是你不能控制损失。"

"如果你在一个市场总是做错，就需要考虑换一个市场。"

"盈利率预期×概率/损失率预期×概率，当这个数值大于 3 时，才是一笔值得做的交易。"

"赚钱，要赚自己能力范围内的钱；亏钱，要亏自己能力范围外的钱。越过范围是最危险的。"

"控制风险是交易中一门很大的学问。例如，本月份我的亏损已达6.5%，而我把本月份其余日子的停损点设在资产价值的3.5%，我要确保每个月的亏损不超过两位数字。"

控制风险是琼斯交易风格的一大特色，同时也是其确保交易成功的关键所在。他从来没有想过每笔交易可以为自己赚多少钱，但是却无时无刻不在想着可能遭到的亏损。他不仅关心自己每笔部位的风险，而且还密切注意其投资组合的表现。如果他的资产因为一笔交易而减少1%至2%，他可能会毅然决然地抛出其所有的部位来降低风险。"进场总比出场要容易一些。"他说。如果琼斯的交易一开始便表现得十分差，他会继续缩小其持有的部位。如此，即使交易陷入困境，他只是以最小的部位进行买卖。琼斯会自动缩小其持有部位可能招致的风险，以确保其每个月的亏损不超过两位数字。此外，如果他的交易大量获利，他也会提醒自己不要得意忘形与过于自信。

简单地说，琼斯有十几种不同的方法控制交易风险，而这正是如他所说的："最重要的交易法则在于防卫性要强，而不是攻击性强。"

琼斯买卖每天都是新的起点，昨天赚的成为过去，今天从零开始。每个月损失最多不能超过10%。顺手的时候，琼斯能够连续十几个月不输钱。三位数的年增长率对他来说是司空见惯。由于风险控制得法，琼斯所掌管的基金在分析判断失误的情况下依然可以赢利。1992 年年初，琼斯认为美国减息已到尽头，欧洲利息将下降，欧美利率差的缩小将扭转美元弱势。都铎基金因而进场买入了大量美元。刚开始还比较顺利，美元果然走强了几百点。但不久美国经济不振的消息频传，美元对欧洲货币大幅下跌，直至创历史最低价位。琼斯在发觉大势不对后及时清仓出场，避免了更大的损失。他同时耐心等待时机，追回损失。年底欧洲货币体系发生危机，英镑、意大利里拉等货币大跌，琼斯及时进场抛售外币，一月之内赚了数亿美元。

六、不要向下摊平成本

沉迷于从前是一个大问题，琼斯非常讨厌这个错误。亏损的交易者总是想扳本。琼斯说想扳本实际上就是想报复市场。

如果说你在大豆上亏了钱，那个市场就伤害了你。你不懂得专注于最好的交易机会，只是考虑如何通过大豆扳本。假如你只是考虑大豆的仓位，结果造成你更大的损失。琼斯认为这是记忆错误，就会造成灾难。

交易者必须明白，不要关心哪个市场在本月或者本年赚了钱，也不要关心哪个市场赔了钱，只是接受任何市场所提供的趋势。

亏损也是如此。假设交易者在亏损很小时就退出，由于他不了解要亏损多少，只好退出。交易者不能看着当初的小亏损说："我本来有 10 万美元的期货合约，现在只有 9 万美元了，我准备再买入 1 万美元的期货合约，由于它现在价格更便宜了。"

琼斯认为，向下摊平成本就好比是一个小孩被火炉烧了，结果你将他的手又放到火炉上来证明是火炉的错误。假如亏损之后，市场又一次发出入市信号，他们还要入场。琼斯用一个例子很好地说明了此道理。

在琼斯的一笔最好的交易中，他看见了入市信号。于是他入场了。

结果对交易不太有利，他损失了 2%，逼他退出，突然入市信号又出现了。他很难拒绝，他又入场了。接着又损失了 2%，迫使他又退出。在此过程中连续发生了 10 次以上，最终他才跟上趋势。最终大趋势所获得的利润能够弥补所有假信号的损失，结果他还赚很多。要想实现这一点，应该牢牢地遵守规则。

大家喜欢摊低成本，结果也是赔了钱。即使将要死了，他们也不明白什么是正确的。用平摊的方式下单，可能造成更大的损失。例如，当你用 7 万元做多头买入期货合约，结果市价下挫，你又用 6 万元买入企图将平均价拉到 6.5 万元的水平，实际上，假如市况到 5.5 万元的水平，则你就会导致双倍的损失。

七、紧盯止损点位

保罗·琼斯说："交易中最重要的原则就是每天我会假设自己的头寸都是错误的方向，我紧盯止损点位，这样我可以控制自己的亏损在最小的范围。但愿市场能与我的预期一致，如果我错了，我也有离场计划保底。"

琼斯认为，学会止损，是期货投机的一项基本功。美国期货界有一个有用而且很简单的交易法则，称之为"鳄鱼法则"。这来自鳄鱼的吞噬方式：猎物越是挣扎，鳄鱼的收获就越多。如果一只鳄鱼咬住你的脚，并等着你激烈地挣扎。假如你用手臂企图挣脱你的脚，那么它的嘴巴就会同时咬你的脚和手臂。你越是挣扎，就陷得越深。因此，假如鳄鱼咬住你的脚，一定记住：你唯一生存的机会就是牺牲一只脚！如果用市场的语言表达，这个法则就是：当你知道自己犯错误的时候，就要马上了结退出！不能再找理由和期待，千万不要有任何的侥幸心理！

在期货交易中，如果交易者不愿意或者不善于止损，就有可能造成致命性的后果。尽管是明确的多头趋势，如果途中产生一个大幅度的回调，就足以将你账户爆仓，这就是杠杆效应。

必须指出的是，止损是讲究科学方法的，并不是随意地止损，更必须尽可能减少"不必要"的止损操作，毕竟止损将会造成直接的资金损失。

最后琼斯还指出："习惯于回避亏损的交易者根本就不该入这一行。"成功的"秘诀"在于交易者在持有错误的头寸时应采取什么对策，而不是在持有正确的头寸时应该如何做。只要能够灵活地处理亏损的交易（即丹尼斯所谓的"错误头寸"），交易者才能等到赚大钱的机会（即"正确的头寸"）。这就是入市价格起作用的唯一因素。

因此，如何设置止损便成为关键。

制定止损规则有两个要素，它们是时机与幅度。对于不同的交易者来说，因为存在不同的交易品种，不一样的风险偏好，以及不同的行情阶段，止损策略的时机与幅度都有所不同。一个合适的止损策略必须是满足两个要素之一的情况下就必须及时止损。通常来说，当权益波动达到预先设定的止损幅度的时候，交易者就必须坚决止损。而对于时间止损来说，当行情持续震荡的时间超过了你预先设想的突破时间之后，就必须及时止损离场。相对于幅度止损来说，时间止损更加重要，由于时间并不会因为其他因素而改变，而资产的波动率是在不断地发生变化。

一般来说，止损的设立有以下方法：

一是设立止损点。

例如，某些品种，你要想买入，就应该要先设定自动止损价位才能下单。

当价格跌幅达到一定比例的时候。例如，跌幅达到 50 至 100 个点就要砍仓，也能够将比例大小按照市场状况和自身心理承受能力而设定。

时间止损。大多数时间里，我们通常只关注于空间止损，也就是幅度达到预先设定的止损点。但是事实上，我们可以按照交易周期来设立止损时间。例如，我们预计5天之内资产即将产生一波行情，所以我们把止损时间设为5天。当价格徘徊超过5天的时候，就证明我们预先判断是错误的，而且错误的可能性会变大，所以必须坚决地平仓观望。这样就减少了持仓事件过程而带来的机会成本。

设立有效的止损，能够避免由于一次错误的交易决策而血本无归。

二是设立移动止损点。

在完成预先设立止损点之后，只要品种价格按自己所预期的方向去发展，就可以将止损点抬高，甚至能够抬高到你盈利的点位，记住，必须要在止损点的那个位置做出改动。由于你有可能不了解你所预期的方向究竟有多少个盈利点，应用此方法，就能够保证你已经获得的盈利点锁定在你可以控制的价位点，并且还不会错过获得更大盈利的机会。例如，PTA1201在8900的价位上你买入，预设置自动止损点为60点，假如它在你买入后就上涨了40点，你就果断地将你的止损位改在你买入价格的20个点，这样就算回调下来的话，你也能够保证此笔交易有20个点的利润所得，比你再将这个品种止损平仓划算得多。但假如它持续向上涨，你再跟着价格继续上调你的止损位，必须注意，此时已经有盈利的保证了（这时候已经将止损价位转变为止盈价位了，只不过这个止盈价是设置在止损的位置上），这样逐渐上调你的止损位，只要在现价点数以下的几个点就可以锁定你既得的利润，不会由于你没有及时平仓而损失了已得利润而后悔。

总的来说，止损的设立以及跟随趋势的发展逐渐调整止损位，就是一门艺术。设立止损位过远或者过近均会造成不良的后果。交易者需要在初战中不断地去探索，找到能够适合自己性格的止损设立方法。一旦形成交易计划，设立好了止损，就只能顺势移动，绝不能反向移动。非常重要的一点就是，一旦止损位被触及就必须坚决执行，必须克服人性的弱点，做到知行合一。

第七章　莱利·海特控仓的秘诀

人物简介

莱利·海特（Riley Hatter）是世界顶尖操盘手。他在大学时代就与期货结下了不解之缘，然而正式进入炒家的行列，其间经历却十分曲折。大器晚成，是莱利·海特的写照。学业并不突出，毕业之后，什么工作都试过，每一个岗位停留时间都不太长，他写过电影剧本，当过乐队代理，都是勉勉强强能够维生。1968 年莱利·海特终于投身证券行业，第一步是做一个股票经纪人，1970 年，成为全职期货经纪人。1981 年莱利·海特成立了"明治投资管理公司"。由于表现稳定而出色，公司旗下基金增长速度非常惊人，成立之初仅仅 200 万美元，10 年之后已经达到 8 亿多美元。

莱利·海特的成功在于，严格地控制风险，追求稳定的增长。他被华尔街誉为"风险管理大师"。

投资策略及理论：并不在于获取最大的投资报酬率，而是通过严格的风险控制，维持投资报酬率的持续稳定成长。

具体做法：衡量风险程度之后，赔率是否理想，根据电脑信息指示入市买卖。

对投资工具的看法：对于自行设计的买卖系统很有信心，在试验期间曾经尝试以不同的期间作为检验的基础，一年的期间成功率是 97%或连续 18 个月的期间是 100%的取胜结果。

控仓名言：面对风险和控制风险，更重要的是主动回避风险。

一、必须设计出包括资金管理在内的电脑买卖系统

莱利·海特在刚接受股票培训的时候，他了解到"蓝筹"股票的来源可以追溯到蒙特卡洛的赌场，最大的筹码是以蓝色印制的，蓝筹股是代表第一线的大股。莱利·海特恍然大悟："啊，我明白了，这就是赌博！"他马上买了一本名为《击败庄家》的书，看完之后得出一个结论：投资取胜关键在于如何提高取胜的机会，能够准确地计算出赔率就能找到打败市场的方法，足以克敌制胜。

莱利·海特后来研究和发展的电脑交易系统都是以此为基础的。入行10年之后，莱利·海特开始捕捉到时常的节奏，订下进攻大计，成立了"明治投资管理公司"，先后网罗了两位人才，分别是统计学博士马菲士与电脑专家米马戴文，依据10年积累的丰富的经验，形成了自己一套独特的交易体系。通过他们的科学测试来验证自己的买卖体系，结果十分理想。下面是莱利·海特对他的交易体系做出了详细的叙述：

我当时也只是一知半解，但是经过多年交易经验的累积，我了解市场的运作其实并没有效率。我有一位念经济的朋友，他曾经一再向我解释，要想战胜市场所做的一切努力其实都是徒劳无功的，因为"市场的运作非常有效率"。然而我发现，所有告诉我市场运作具有效率的人，都无法赚大钱。我这位朋友同我争辩说，如果我能设计出一套在市场中制胜的电脑交易程式，别人一样能做到，而这些系统的功用在市场上一定会相互抵消。

虽然有人能够设计出在市场上制胜的交易系统，但也有人会犯错。有些人在交易赔钱的时候，会更改交易系统。有些人根本不相信交易系

统，总会对交易系统所发出的指令表示怀疑。根据以上的说法，我们可以得到一个非常重要的结论，即人是不会改变的，而这就是市场交易这场游戏会持续发展的原因。

在1637年，荷兰的郁金香曾经以5500银币的价格进行交易，后却惨跌到20银币，跌幅达99%。你也许会说："在那个时代，交易是一项新鲜玩意，市场也才初具雏形而已。今天我们远比那个时代的人进步，因此绝不会再犯同样的错误。"我们再来看看1929年空气压缩（Air Reduction）公司的股价从每股233美元的高档大跌到31美元的水准，跌幅高达87%。你也许会说："20年代是一个疯狂的时代，现在的情况与当时截然不同。"

那么我们再来看看1961年得州仪器公司（Texas Instruments Co.）的股票，从每股207美元跌到49美元，跌幅达77%。如果你认为80年代的我们比当时又更进步，那就不妨看看白银价格从1980年的50美元高档跌到5美元的价位，跌幅高达90%。

我所要说的重点是：人是不会改变的。如果你有坚定的意志以及高度的自信，那么只要把以往发生过的市场情况拿来测试你的交易系统，你就能了解交易系统面对未来情势所能发挥的作用，而这就是我在市场上制胜的利器。

总之，莱利·海特认为，根据电脑程式买卖，一两天的战果不能预早知道结果，然而长久计算你可以肯定在胜利的一方。

电脑程式交易的优势是人为判断交易难以比拟的，从投资报酬的稳定性、长期交易平均损失概率、决策判断模式、风险管理、执行能力等加以判别，程序式交易遥遥领先，程序式交易系统就像一个竞技场一样，需要好场地、好裁判和好运动员，对一个系统，就要解决好数据、规则以及交易者思想的协调，数据是最基本和客观的信息，体现了供求关系的变化和价格、价值的二重性，一个好的系统，就要把数据及时、准确地传播出来；规则是维持市场秩序的有力工具，运行的制度、交易的方式、指标的规范构建了合理的平台，让行为在有序的条件下进行；交易者的思想就是个性心理和知识体系，因为他们的差异，产生了不同的行为，有了买卖的交易，但我们应当知道，只有10%的人才能站在成功的机会里，只有战胜了人性中的贪婪、恐惧等弱点，只有按照纪律和规则进行交易，才能进入10%的行列。由此而来，产生了两个竞争的方向：一是提供程序系统交易的软件平台；二是进行程序交易过程的思想、方法。

许多投资者都在运用电脑交易系统，然而赚钱还是少数，原因在哪里呢？莱利·海特在谈到电脑交易系统时说，绝大多数投资者经常更改电脑交易系统，假如一失手，就改用另一套系统，甚至在电脑系统发出入市信号的时候，仍然三心二意不愿按照信号执行。在与许多投资者闲谈之间，常常听到他们后悔地说："我的电脑交易系统表现十分准确，可惜我并没有依此行事，否则能够赢到历年来最大的利润。"在运用电脑交易系统时一定要遵守交易原则，电脑系统是你的指挥官，只要有比较高胜率的交易系统，长期地循规蹈矩，一定会胜券在握。莱利·海特管理的基金一直保持很低的赔率，这与莱利·海特十分重视面对风险、控制风险和回避风险有着密切的关系。

所以，使用先进的计算机技术，结合人脑的综合分析能力，适时优化和调整各种分析参数，并按照指定出的操作方案和交易策略，以及资金管理规则、风险控制原则，即是可靠性比较高的"交易系统"。

莱利·海特认为，一个完整的交易系统应该包括：

1. 整体规划

（1）资金性质。

银行资金、渠道资金、客户资金还是自有资金。

（2）账户性质。

基金产品还是个人账户，是管理型还是结构化。

（3）产品要素。

运作期限是多久，总规模是多少，预警线止损线是多少，有哪些限制条件。

（4）预期收益。

需要达到多少预期收益，从而决定了交易计划所冒风险的大小。

（5）资金分配。

股票分配多少资金，期货分配多少资金，固定收益分配多少资金，现金留多少。

2. 策略选择

价值投资，趋势跟踪，套利，还是其他什么策略。

3. 品种选择

（1）投机品种。

做哪几只股票，选哪几个期货合约。

（2）固定收益。

固定收益做哪些，国债逆回购，货币基金，银行券商理财产品还是什么。

（3）选股策略。

股票池是怎么选出来的，选股策略是怎样的。

4. 资金管理

（1）起始仓位。

最开始使用多少仓位。

（2）最高仓位。

最高不得超过多少仓位。

（3）加仓。

1）加仓条件。

达到什么条件才加仓，例如，净值 1.2 以上才加仓还是怎样。

2）加仓比例。

达到加仓条件加多少比例，从 20%仓位加到 30%还是怎么加。

3）加仓实施。

达到加仓条件，立马现价全部加仓，还是逐渐分批加仓。

（4）减仓。

减仓跟加仓类似。

1）减仓条件。

2）减仓比例。

3）减仓实施。

5．入场策略

（1）入场时机。

产品或者账户刚一成立，就立马入场，还是择机入场。

（2）入场仓位。

立马就初始仓位全部入场，还是从试单开始一步步入场。

（3）入场策略。

根据交易策略入场，还是主观判断入场。

6．多空方向和买卖点的选择

（1）多空方向。

做多还是做空，为什么？

（2）多空时机。

什么时候做多，什么时候做空。

（3）多空点位。

什么点位做多，什么点位做空。

（4）参数设置。

具体的策略参数设置。

（5）策略优化。

策略的逻辑优化、参数优化等。

7．风险控制

（1）止盈。

什么时候止盈，用什么方式止盈，最高盈利点回落比例，例如 50%，还是一个固定的数值，例如盈利回吐 2000 元。

（2）止损。

什么时候止损，用什么方式止损，这一单亏损占总资金比例，例如 1%，还是一个固定的数值，例如亏损 3000 元。

（3）预警。

是否设置预警线，如何设置预警线，如果临近和达到预警线，如何执行风控计划，减仓或者砍掉大量隔夜仓位还是怎样。

（4）清盘。

是否设置止损线，如何设置止损线，如果临近和达到清盘线，如何执行清盘策略，在清盘线附近无视成本一键清仓，还是临近清盘线时循序渐进，逐步减仓直至清仓。

最后莱利·海特强调，交易者只有发现了优秀的资金管理的好处——才能突然发现资金管理很有趣。一旦你发现了优秀的资金管理可以保证利润并避免破产的风险，那么你就有可能喜欢上资金管理。在追逐金融成功的苦思过程中，思维一定要强而有力。有时候最强大的敌人就是我们自己。错过的机会、糟糕的选择和恼怒都会导致灾难的发生。而一旦你掌握了正确的心理，你的焦虑就少了，你就能持续一致坚持你的系统。很多时候交易者开发了完美的系统，但是因为他们的心理不够成熟，所以无法坚持自己的系统。如果你有一个优秀的资金管理系统，随着时间的推移，再加上你在利润上的增长，你的心理就会慢慢变强。

二、选择低风险，以谋求稳定的增长

莱利·海特管理的特色，在于平淡中显示出真功夫，默默耕耘，依照既定方针办事，不求精彩的表现，但求平稳地长期增长。

在海特还是当经纪人的时候，上司经常教导他：当你的客户出现大亏损的时候，必须立即通知客户，否则必然有第三者代劳，破坏你与客户的关系。在某日联邦储备局 FED 突然改变政策，导致市场大势做一百八十度的转变，"明治投资管理公司"其中一个大客户，一家瑞士银行，利润大跌，投资经理们手足无措，向莱利·海特请示，莱利·海特马上打电话向银行解释："类似的突变市场大势几年内才会出现一次，纯粹属于意外。而该公司作战计划，是以长期性平稳增长为主，长远来看，信心十足。"这样一来能够降低我们的心理压力，拖延做出反应的方法，是不同炒家常用的弊病，也是产生纠纷的根源，后来该银行增加了一倍投资额，成为公司大重要客户。

海特说："大炒家不懂得或者轻视风险管理的问题。风险的问题处理不当，要知道一次意外就足以致命。"

海特的买卖策略，是平稳之中求增长，对于风险管理特别重视，其中道理来自战役的教训。

他发现每年在 9 月买进猪肚合约，然后在第二年 7 月之前卖出，大多数能够获利，于是，他集聚一帮朋友的资金，专门炒猪肚合约，结果获得成功，短短的时间之内资金升值一倍。

此时，海特有一些飘飘然，他觉得不可一世。然而他没想到，接着闯下弥天大祸。

海特的一个朋友，自称为粟米专家，引导他做跨期买卖，买入近期合约同时卖出远期合约，据称万无一失。

他完全相信朋友的建议，盲目入市。

根据表面的资料分析，风险似乎不大，只不过是跨期买卖的风险。

可是，一天，美国农业部宣布粟米收成估计数字，近期合约跌停板，而远期合约则涨停板。这样使得海特两面受创。

经过这次教训之后，海特开始重视风险的管理问题。

海特认为，不怕一万就怕万一，因一次疏忽而倾家荡产的例子触目惊心。要在投机市场立足，必须步步为营，认真处理风险的问题。

从此以后，莱利·海特的方针是平稳中求增长，波涛汹涌的市场，虽然是很多人期待的机会，但并非理想的投资对象，当你把握不好就变成是无限的风险了。所以，"宁愿错过机会，也不想去冒不必的风险。"这是莱利·海特的信条之一。

将风险降低，同时持之以恒，对于投资者来说，是绝对重要的守则。

莱利·海特认为，期货市场基本上可分为三类交易市场，以交通灯来比喻，绿灯的时候迅速入市，黄灯的时候根据电脑信号平仓，但不开新仓，红灯的时候立即平仓观望。

期货大师艾·西高达曾经教导莱利·海特说：我每次买卖蒙受的风险可以定为资金总额的1%、5%甚至20%。冒险程度越高，成绩波动自然越大。

因此，莱利·海特选择低风险，以谋求稳定的增长。

他认为，将损失金额限制在1%之下，任何个别买卖出错，实际上无关痛痒，对于整个大局肯定不会带来灾难性的影响。

总之，莱利·海特的心得归结成两句话：

（1）你如果不赌，就不可能赢。

（2）你如果把筹码全输光了，就不可能再赌。

三、要学会控制风险

莱利·海特说："由于我们知道自己太无知，不管得到的市场资讯有多么完整，不管交易技术有多么高明，任何人都难免犯错。我有一位依靠交易赚进1亿美元的朋友，他曾经传授我两条基本交易准则：一是假如你不是拿你全部的家当下注，尽管交易失败，你也能够全身而退。二是如果你知道交易最坏的结果会是什么，你就能够拥有最大的交易空间。也就是说，虽然你不可以控制获利，然而你可以控制风险。"

他认为，不管你了解多少情况，心中多么肯定，总还是有错的可能，随时要有准备。风险控制一定要严格，绝不要把身家性命押上去，对最坏的结果有所准备。莱利·海特的一位当今世界上最大的咖啡炒家朋友，他清清楚楚地知道咖啡的运输过程，与主要的咖啡出产国的部长都有深厚的交情，可以说对基本因素及其有关资料了如指掌。有一次请他到他伦敦的住所去做客，席间酒酣耳热，乘兴问莱利·海特："海特，你怎么可能比我更了解咖啡期货呢？"海特回答说："没错，我对咖啡一无所知，连喝都不喝。""那你怎么做交易呢？""我只看有多大风险。"那老兄不大相信，又问了不下5次，每次海特都讲："控制风险。"三个月之后，那位朋友做咖啡期货亏损1亿美元，看起来海特的话他没有听进去。

莱利·海特强调，实际上，控制风险不但有利于买卖成功，而且对于商业上的决策也是十分重要的。

莱利·海特还列举了这样的一个例子：

1974年，美国得克萨斯州的两个石油大亨尼尔逊·亨特和威廉·亨特做出惊人之举。兄弟俩瞄准美国取消金本位和银本位制带来的机遇，从开始狂购白银。

1980年初，白银价格飙升到50.06美元一盎司，然而兄弟俩并不知足，开始了一场以白银市场为目标的垄断投机。

为了继续垄断白银，兄弟俩不惜以19%的年利率借钱收购白银，结果成了白银市场的唯一买家。

白银的狂涨，造成老百姓将银器卖出来换取现金，使得白银供应突然大增。在白银的供需被打破以后，亨特兄弟依然在频频借贷维持银价，很快就不堪重负。

到1980年3月，银价已跌到40美元一盎司。其后持续下跌，他们被迫减持白银还债，银价大堤因此瓦解。亨特兄弟被迫在7年之后宣布破产。

亨特兄弟在白银市场倾家荡产，是典型的例子。亨特兄弟本来富可敌国，据了解资产在 10 亿美元以上。最后他们却一败涂地。

莱利·海特认为，投机市场最重要的是量力而为，即使你拥有 10 亿美元，但购入 200 亿美元价值的白银期货过度投机的形势与持有 1000 美元而购入 2 万美元价值的白银一样，任何风吹草动都足以致命。

因此，期货交易归根结底是风险和资金管理，应当小心处理。

海特公司控制风险有以下四种手段：

（1）每次下单从不让风险超过总资产的 1%。

（2）永不做逆势买卖。

（3）投资多样化。

（4）回避波动太大的市场。

了解并知道自己的风险忍受度是多少，这些深刻见解能够提升你的资金管理系统。有些交易者特别喜欢风险，所以说每个人的风险程度大多是不一样的。因此，我们需要知道自己的倾向。在自己感觉最舒服的状态下做交易是很重要的。一方面，如果你的风险很大，你也许可以通过减小压力和减小仓位风险的方法提高利润。另一方面，如果你能处理好高风险，那你也许就需要做必要的调整。这些都涉及了解自己并做出某种平衡。

最后，不要忘了问问自己下面的问题：

（1）风险管理原则。

（2）你什么时候度假。

（3）你什么时候把钱拿走。

（4）怎么样处理资金曲线的下跌。

（5）你准备每笔交易损失多少。

（6）你的交易量是多大。

（7）在任意时候，你能接受的账户百分比风险为多少。

（8）你愿意承受的净值风险百分比为多少。

（9）你什么时候平仓、逐级平仓、逐级加仓以及分散投资。

四、尽可能分散风险

莱利·海特还有一条重要法则就是要经分散投资来减少风险。

首先，交易系统应由各种不同的次交易系统组成，而这些交易系统的取舍标准并不在于其个别的表现，而在于互补的作用。其次，他所涉足的商品市场非常广泛，其中包括美国与其他五个国家的商品市场，而交易的种类则涵盖股价指数、利率期货、外汇、工业原料与农产品。

值得一提的是，尽管莱利从事过多种职业，如编剧、演员及唱片企划，但他最后却是在交易上获得成功。个中原因就只是在于他热衷交易，并完全投入所谓基金经理人的行业。我发现，莱利·海特的经历恰恰可以印证艾迪·塞柯塔的论调："求胜意志强烈的人，一定会寻求各种方法来满足其求胜的欲望。"

莱利·海特本人这样认为：

分散投资有两个方法：一是要在全球市场操作的项目，多于其他交易员。二是绝不使用单一交易系统从事交易。我们会使用各种交易系统来从事长期与短期的交易。这些交易系统如果单独使用，不见得具有多大的效用，不过我们也不在乎，因为我们所要的是同时使用这些交易系统，而将风险降至最低。

此外，公司用三种灯号来辨别交易系统指令的可接受性。绿灯时，我们完全接受交易系统的指令。黄灯时，我们会根据指令出清目前的部位，而不会再增加新的部位。红灯时，我们自动出清所有的部位，而且也不会增加新部位。

例如，在1986年，咖啡豆价格曾经从1.30美元上扬到2.80美元，然后又回跌到 1 美元的水准。在这段时间，公司于 1.70 美元时释出多头部位，然后就不再进场。我们在这笔交易也许可以赚得更多，但是在市场行情上下震荡如此剧烈时，上述的做法就是我们控制风险的方法之一。

下面我们先讨论分散投资的好坏应有一个前提，那就是我们可以找到几个"可类比"的投资领域或投资策略。比如有三个投资领域，预期的年最大风险和收益分别为 10% 的风险对应 20% 的收益，20% 的风险对应 40% 的收益，40% 的风险对应 80% 的收益；又或者在同一个领域有三种不同的投资策略，预期的年最大风险和收益都是 30% 的风险、60% 的收益。如果没有这个前提，就无法谈论分散投资的好坏。因为当我们拥有两个最大预期收益均为 80% 的投资领域，而最大风险承担分别是 20% 和 40%，那我们根本就不需要分散投资，直接把要投资的钱全部投到低风险的那个领域即可。

就期货投资而言，假如投资者只有一个策略，就不用谈分散投资；假如投资者拥有几个策略，但是这几个策略的优劣对比非常明显，那也不用谈分散投资，把钱投在最优的策略上即可。而当投资者拥有数个风险和收益比接近的策略时，分散投资就会有很大的作用。

假定我们拥有 5 个不同的交易策略，并且这 5 个策略的相似度不高，每个策略的仓位控制都是 30%，最大风险承担都是 30%，预期年收益都是 60%。那么一笔资金全部用在一个策略上，和每个策略平均分配总资金的 20% 去运作，一年下来投资回报应该是一样的，都是总资金的 60%。

但是，因为 5 个策略是不同的，所以每个策略的最大回撤必然不在同时发生，甚至在某个策略回撤时另一个策略还在赚钱，由此形成一定的对冲。这样的话，只用 1 个策略和 5 个策略一起用的最大回撤一定是不同的，只用一个策略最大回撤是 30%，而用 5 个策略的最大回撤很可能降低到 20%，甚至更低。

所以，分散投资可以在不降低利润回报的基础上，降低总资金的风险度。

　　既然分散投资可以降低总资金的风险，那么如果我们的风险承担能力不变，是不是可以把分散投资降低的风险再加回去？

　　我们通过 5 个策略的应用，把总资金的风险从 30% 降低到 20%，我们可以通过调整仓位再把风险还原到 30%，也就是说，可以把原先 30% 的仓位调整到 40% 甚至 45%。这样整个资金的最大风险依然是 30% 或 30% 以内，预期收益却不再是 60%，而是 80% 甚至更多。

　　看来合理的分散投资，可以在不增加利润的前提下，降低风险，也可以在不增加风险的前提下，增加利润，这就是它的好处。

　　分散投资策略在期货交易中重要的意义在于：降低交易风险，提高交易次数，使得交易系统在实际应用中更加稳定。

　　最后强调的是，不论个人适合采取何种方式，皆须遵守两项重要的资金管理规则。

　　第一，不应该让任何交易的亏损超过投入资金的 10%，如果你从事股票、债券或货币等"现货"式交易工具，停损应设立在 10% 之内。融资式的期货交易应该做适当的调整。在期权市场中，任何单一的交易，其金额不可超过总资金的 10%，因为期权可能在到期后变得一文不值。股票市场中的"复苏型"股票也适用 10% 的规则。这些公司面临严重的财务困难，却被认定已经渡过最艰难的时期。

　　第二，任何投资金额不应该超过总资金的 20%。如果你将风险分散在不同的市场或有价证券，该规则要求你应该至少持有五种头寸。

五、以 客 观 事 实 决 定 进 出

　　莱利·海特说，判断和操作要尽量地贴近市场的客观实际，交易者越客观，成就越大。他多次强调，分析判断与交易是完全不同的体系，前

者只是完善你的知识体系与提高思维能力需要做的"功课"，其功能并不是用来"指导"交易的，其实际作用是为你的投资决策壮胆而已，也能够适当地运用于过滤部分小级别交易信号——不能影响中期级别的交易信号，后者则是强制的、刚性的，交易的核心完全在于你交易系统的完善与否，特别是核心规则和交易计划、策略的执行力。

莱利·海特之所以成功我想是因为他极其客观。一个好的交易员绝对不能没有弹性。假如你发现某个人能以开阔的胸怀接受世上的事，你就找到一个具有成为交易员条件的人。下面是媒体对莱利·海特的采访。

问：除了风险控制外，为什么一般人从事交易会输钱？

答：一般人从事交易经常都是根据其个人的偏见，而不是根据客观的事实来决定进出。

问：你从事各种不同的商品交易，请问你的交易方法是否都一样？

答：我不是为交易而交易，是为赚钱而交易。记得有一次，我公司的行销经理米奇·昆唐介绍我认识一家公司的前任总裁（此人是 E. F. 曼恩。莱利后来将明德投资管理公司 50% 的股权交给曼恩公司，换取该公司对明德投资管理公司的财务支持）。这个人是位个性固执的爱尔兰人，他问我："你做黄金与可可豆的交易方法有何不同？"我回答："对我来说都一样。"他几乎对我吼道："你是说，你连黄金与可可的区别都看不出来！"我想当时若非米奇在场，他可能会把我赶出办公室。

我太太是一位生长在英国保守家庭的女孩。她非常担心她的家人会瞧不起我（西方同样存在对金融交易者的偏见）。有一次，我接受伦敦时报的采访，记者问我对伦敦可可豆市场未来走势的看法。我告诉他："老实讲，我从来不注意我交易的是什么商品，我只注意风险、报酬与资金。"结果这位记者在报道中写道："莱利根本不在乎可可豆市场，他在乎的只是钱而已。"我的妻子看完这篇报道，不禁难过地说道："这下可好了，我现在再也不敢回娘家了，这篇文章完全证明他们对你的看法是对的。"

问：我想你不会认为有最完美的交易系统存在吧？

答：当然不会。交易员之间经常流传着一句话："尽管不完美，你还是可以发财。"我绝不会去寻找最完美的交易系统，但是会努力测试交易系统的可用性。事实上，任何人都有办法根据过去的资料设计出一套最完美的交易系统（适合的才是最好的，这跟天赋、能力、性格和财力都有关系。）

问：你认为从事交易最值得重视的市场指标是什么？

答：我认为有两项指标需要注意。

第一，如果市场重大消息没有做出应有的回应，这其中必定含有重大意义。例如，当"两伊战争"爆发的新闻传到市场上时，每英两黄金只上涨1美元。于是我告诉自己："一场中东战争已经爆发，然而黄金只上涨1美元。看来黄金市场目前显然相当疲软不振。"果然没过多久，黄金价格便开始持续重挫。

第二，艾迪·塞柯塔教我的。当市场创新高时，其中必含有重大意义。不论市场上有多少人告诉你市场基本面并未改变，而且市场也没有理由涨到如此高点，可是事实摆在眼前，市场创下新高，而且一定有些事在变。

问：你还从艾迪·塞柯塔身上学到什么？

答：艾迪·塞柯塔几乎把他交易哲学的精髓完全传授给我。他说："你从事交易时，可以自行决定所要承担的风险。你可以承担你全数资金1%的风险或是5%的风险，甚至10%的风险。但是，你必须了解风险越高，就越难控制交易的成绩。"他说得对极了。

问：除了艾迪·塞柯塔和你的合作伙伴外，还有哪些交易员传授你宝贵的经验？

答：杰克·鲍伊德（Jack Boyd）。他曾经雇我担任他公司的经纪人与分析师。

杰克许多年来一直提供交易方面的建议。我发现，只要听他的建议，每年都可以赚钱。后来，我实在忍不住，终于问杰克他的建议与预测为何如此准确。我要强调一点，他的身高足足有 6 尺 4 寸。他回答："莱利，假如你真要了解市场，只须这么做就行了。"他把手中的图表丢到地上，然后纵身跳到桌上。他说："现在你看着这些图，它会告诉你。"

问：我想他的意思是指要对市场有全盘的认识。

答：是的。我与鲍伊德的共事经验，对我日后的发展有重大助益。我从他身上学到从事交易，只要能够控制风险、追随市场大势，就一定会赚钱。

莱利·海特的交易哲学有两项基本原则。第一，恰与理论派的看法相反，他深信市场是没有效率的，只要你能够发展出有利的交易方法，你就会赢。第二，从事交易需要一套有效的交易方法，但光是如此也不足以使你制胜。你还必须有效控制风险；否则，风险迟早会失控。

六、不怕错，最怕拖

莱利·海特管理的投资基金一直保持很低的亏损率，公司的收益率平均年增长超过 30%，按照年度结算，最低的一年也可以赚 13%，最高增长率可达到 60%，连续 6 个月最大的亏损仅有 15%，若以连续 12 个月作为结算期，亏损也不超过计划 1%。在高风险的期货行当是十分少有的。莱利·海特在出现风险的时候马上及时处理，不能拖延。投资行业有句行话："不怕错，最怕拖。"

海特曾经任职某投资公司，一天，期权炒手炒卖失利留下一个亏损的账户，老板向海特请教如何处置？海特说：平仓。优柔寡断的老板不忍心立即止损，老板决定继续在市势初时稍微恶化，接着反弹，结果留下的盘口不但没有损失，反而带来小利。整个事件了结以后，海特对同事说：看来，我们必须及早另谋高就了。同事问为什么？海特说：老板的决定，等于身处地雷阵，却盲目过阵。一年以后，投资公司老板遇到类似的情况，采用上次的方法，结果泥足深陷，账面亏损越来越大，最后投资公司资本全军覆没。

莱利·海特认为，必须面对现实，鸵鸟政策一定误事，幸运之神不可能一再光临，只有真材实料才能做出正确的决策，才能渡过难关。

"不怕错，最怕拖"是期货交易最重要的原则。既然任何人都有机会在行情分析中犯错误，聪明与愚蠢的区别就在于聪明人善于壮士断臂，错了不拖；愚蠢的人则被拖死。投资者一定要具备毫不迟疑、毫不留情的止损观念，打得赢便打，打不赢便走。可谋求高利润，而不必冒高风险。

一般人为何会拖呢？主要问题是侥幸心理作祟，不敢面对现实。例如，在某个价位买进之后，行情下跌。一种心理则是"过一阵子也许会上升，看看再说吧！"其实这只是自己一厢情愿的想法。是否真的回升？谁敢保证！

不拖的话，不外乎三种后果：一是行情直跌下去的话，不用亏大钱；二是若再跌多少又回升，低价重新买进，就比原来价位更优越；三是认赔以后行情正巧马上回升，不过吃一次亏而已，总是利多弊少。十次买卖就算五次亏、五次赚，亏的五次不拖，赚的五次放尽，总的来说就是赚。"不怕错，最怕拖"，说来容易做到就难。有时对行情大有信心，根本没想过止损；有时恃自己实力够，硬要死守到底；有时简直麻木，"反正已亏了那么多，不在乎再多亏一点，再等一下吧！"等等。所以，一定要养成习惯，一进场就要按规定在思想上预备止损，以防万一。假如自己狠不下心，那么就指定别人替自己下止损单。

第八章 马丁·舒华兹控仓的秘诀

人物简介

马丁·舒华兹（Martin Schwartz）是华尔街顶尖短线炒手。他以炒S&P500指数期货为主，从4万美元起家，后来将资本变成了2000万美元。舒华兹一共参加过10次全美投资大赛中的四个月期交易竞赛项目，获得9次冠军，有一次以微弱差距列第二。他在这9次夺得冠军的比赛中，平均投资回报率高达210%，而他因此所赚得的钱也几乎是其他参赛者的总和。此外，他也曾经参加过一次全美投资大赛中的一年期货交易比赛，结果他创下了投资报酬率高达781%的佳绩。马丁·舒华兹借着参与比赛证明自己是全球最杰出的交易员之一。以他投资的回报率来看，他的确是当之无愧。

马丁·舒华兹在成为成功的专业交易员前，已经有10年的时间在股市中浮沉。在交易生涯的初期，他只是一位证券分析师，但如他所说，在这一期间，他通常因为交易损失而濒临破产边缘。最后，他终于改变交易策略，而使自己从通常遭逢亏损的状态转变成持续赢利的交易员。1979年，舒华兹辞去资料分析员的工作，成为专职交易者。他投入7万美元买卖股指期货，当年赢利10万美元，第二年再赚60万美元。1981年以后，他每年的纯利均高于7位数，而且平均每月的损失从未超过其资产价值的3%。

舒华兹认为自己成功之处，与早年曾经接受军训和大学经历有关，大学毕业之后在海军陆战队的严格训练使舒华兹对自己的潜能深具信心。他们会激发个人的潜能，而且要依其固定的模式重新塑造一个人的人格。大学强化了头脑，而海军陆战队则强健了体魄。这两段经历使舒华兹相信，只要努力去做任何事，包括操盘在内，一定都会成功。

投资策略及理论：采用的是一种短线的操作系统，他利用一连串小额的获利来累积操作资本。

具体做法：运用道琼斯工业股价指数、短线操作指标、史坦普五百股价指数等操作工具，进行短线交易。

对投资工具的看法：十日指数移动平均指数（EMA）是舒华兹最喜欢用来判断主要趋势的技术指标。他认为，想要让自己成为一个熟练的操盘手，就必须找到顺手的工具，并且反复使用它们，直到你清楚地知道它们的作用何在，如何发挥它们的功用以及如何完全发挥它们的效率为止。

控仓名言：最棒的交易工具之一就是止损，在止损点将你的情绪性反应和自尊心分开，并且承认你的错误。

一、马丁·舒华兹的头寸管理

头寸管理包括投资品种的组合、每笔交易资金的运用大小、加码的数量等。许多人的观念都是一直在寻找一个高准确率的交易方法、交易体系，但是，如果同样有相同的交易机会因素，体系中最主要的因素是盈利的时候和亏损的时候投资额的大小。大多数的投资者都不太理解这个概念，在当初几年的交易过程中，也想找到一套成功率高的交易方法、交易体系，除了强调止损之外，并没注意到头寸管理的重要性。在交易中盈利的次数多，然而最后看账单，结果还是亏损。

马丁·舒华兹说过："一年的 200 多个交易日当中，150 个交易日左右是小亏小盈的，但在其他的 50 个交易日中获得大盈利，简单来说，4/5 的交易时间打平，1/5 的交易时间大盈。"

这表明了把握交易头寸大小，特别是在做对了交易时候的交易头寸的大小的重要意义。

有一次，马丁·舒华兹做空 S&P500 指数期货，因为美国共和党在选举中获胜，SP500 股票期货指数迅速上涨，马丁·舒华兹遭受个人的情绪失控，但一路加码放空，到最后涨停还进行加码，当日的损失达到超纪录的 100 万美元。当日晚上在他太太与老师的疏导下，认识到："只有先平掉原先的空头持仓，回到没有持仓的中立状态，这样你才能看清市场情况，并且做空也违背了自己的交易原则，移动平均线等指标都指示的是买入信号。"第二日果断平仓止损，让马丁·舒华兹重新恢复理性，冷静地分析市场，在当月便将大部分的亏损弥补回来了，亏损剩下 5.7 万美元了。在出现巨额损失的情况下，人会变得非常困惑，失去理性的时候他太太与老师在扮演一个很重要的角色，关键时候拉了他一把，以免越陷越深。交易者在平时也需要这样一个充当"救世主"的人，当你在情绪失控时拉你一把。

下面是马丁·舒华兹最重要的 6 条交易规则：

（1）"我不会与移动平均线对着干，否则就是在自我毁灭。"

在自己的交易时间段之内，尽可能跟随移动平均线。

（2）"在建仓之前总是问自己，'这确实是我想要的仓位吗？'"

你进入交易的依据是信号，还是自己的观点？

（3）"在一段成功的交易时间之后，给自己放一天假作为奖励。"

你必须学会停下来，享受交易成功，避免过度透支自己，同时使自己更有动力。

（4）"紧随在大盈利以后的，常常是大亏损。"

一连串盈利是非常危险的，这会使交易者自我膨胀，好像自己懂的很多，因而也交易更多。

（5）"抄底交易则是成本最高的赌博方式之一。"

逢低买入与"接住下落的刀子"有很大的差别。

（6）"在建仓之前，永远要先计划你愿意承受的损失。"

先确定最大的损失可能，接下来再进行交易。

二、最重要的法则就是资金管理

马丁·舒华兹在当初 10 年的交易生涯之中，总是挫折不断，通常濒临破产边缘。然而，他最后终于能扭转乾坤，成为全球最高明的交易员之一。

他的成功来自第一个要件，他找到完全属于自己的交易方式。舒华兹在不得意的那段岁月之中，均是以基本分析来决定交易的，但是在他改以技术分析进行交易时，他的事业就开始一帆风顺。舒华兹所要强调的是，这不是说技术分析优于基本分析，而是他找到适合他自己的交易方式。

在 1978 年，舒华兹开始订阅多份证券资讯和杂志。舒华兹把自己当作一具合成器，无须设计新的交易策略，只是把别人的优点融合在自己的交易策略当中。后来发现有一个名叫泰瑞·兰迪的人。他开发出一套与众不同的交易方法，叫作"魔术 T 预测法"。他是麻省理工学院机械工程系毕业的高才生，很具有数学天分。这套方法的中心理论是：股市上涨与下跌的时间其实是一样的，只是涨幅与跌幅不同而已。因为股市下跌以前，总有一段抗跌的阶段，上涨之前，也总有一段凝聚动力的阶段。

计算时间时，就要从这段时间开始，并不是等到股价到达高档或低档才开始计算。这套理论与舒华兹以往所学的完全不同，但是它对舒华兹帮助很大。

马丁·舒华兹把所学到的技术分析与操作策略进行量身改造，来符合其风格。

马丁·舒华兹说："我必须做的第一件事则是发展出一套符合我风格的操作方法。"

他认为，发展一套适合自己个性的操作方法是他计划中最重要的一部分。假如没有一个操作方法，就没有获利的优势。

当时，马丁·舒华兹一直都是一个重视基本面的人，他注意通货膨胀率、利率、公司成长率、股利收益率、毛利率、本益比、市场占有率、政府的政策，以及其他所有会影响股价的长期因素。现在，他要开始将自己转型成为技术分析者，一个市场时机的把握者，一个操作者，一个注重市场价格变动所发出的买卖信号的人。这就是操作者与投资者在基本上最大的不同处。一个操作者是将市场看作一个有生命、会呼吸的个体，并非是许多个别股票的集合而已。

在担任了九年的证券分析师之后，马丁·舒华兹决定将他的决策根据从基本分析完全转换为技术分析。

马丁·舒华兹说，你的交易方法应该完全配合你自己的个性。你应当了解自己个性上的长处与短处。我用了九年的时间才真正发掘出自己个性上的特质。

马丁·舒华兹的长处是能够全心全意地辛勤工作，可以持续遵守自己的原则，可以长时间集中心力，以及痛恨失败的个性。他的弱点就是具不安全感的个性、害怕亏损的心理，以及对于他人持续的支持和经常获胜的满足这两方面的强烈需求。一个交易员，就如同一条链子似的，均是由一个个脆弱的环节连起来的，而最常左右操作风格的则是你自己个性上的弱点。

马丁·舒华兹是做超短线的，这表明他入场和出现的速度总是非常快!他一般在五分钟或更短的时间内进出场，从来不持有部位超过几个分钟。大体上，舒华兹应用的是一种短线的操作系统，由于他只有相当有限的资源，所以必须运用一连串小额的获利来累积操作资本。然而当舒华兹越来越成功之后，他发现短线的操作方式能够给他最多心理上的支持和经常性的满足感。于是他就根据这些特性，设计出属于自己的工具。

1989年，马丁·舒华兹建立了资本达8000万美元的投资基金，然而经过一年多时间的运作，成绩不太理想。舒华兹发现其中的原因是大规模资金并不适合自己的短线操作风格。马丁·舒华兹喜欢在市场中短时间内进进出出，但当你操作一大笔资金时，这一切都显得非常困难。而这一点却是马丁·舒华兹当初之所以决定要自立门户，独立操作自有资金的主要原因。最终他果断解散了基金，重新操作自己的资金，每年盈利极其丰厚。

他说，你的交易方法必须完全配合你的个性，你必须了解自己个性上的长处与短处。

最后他还强调说："最重要的原则就是资金管理、资金管理，最后还是资金管理。任何成功的交易者都会这样说。一直努力要改变自己的则是，我觉得自己一直在这方面做得不太好。可能到我去世的那一天，我依然在寻找更好的改善方法。"他表示："最重要的是保留实力，让自己有能力重新开始。"这则是马丁·舒华兹的资金管理方法之一。

第二个要件就是马丁·舒华兹态度的改变。按照舒华兹的分析，当他将面子问题放在追求成果的后面时，他的交易就变得无往不利。

风险控制也是马丁·舒华兹成功的重要因素之一。他的交易法则之一就是要在持有部位之前，事先确定自己在这笔交易中所能承担的风险。在遭逢重大损失后，要减量经营，而更重要的是，在交易获利以后，也要采取减量经营的策略。马丁·舒华兹解释，亏损通常都是跟随在成功的交易之后。大部分的投资者都应该有如此的经验，因为成功带来志得意满，而志得意满却会带来得意忘形和粗心大意。

总而言之，马丁·舒华兹有自己的一套完整的交易法则。

（1）短线操作。马丁·舒华兹采用的一种短线的操作系统，他运用一连串的小额的获利来累积操作资本。

（2）把握大趋势。10日移动平均线是马丁·舒华兹最喜欢的判断趋势的指标。在持有头寸之前，总会先检查其移动平均价格，看看当时的价格是否高过移动平均价。马丁·舒华兹不愿意违背移动平均所显示的走势。另外也会寻找在股市创新低价时，却能站稳于底部以上的个股，这种股票体质一定比大势健全。

（3）最重要的法则就是资金管理。在持有部位前，也应当事先决定到底自己愿意承担多少亏损。设立止损点，并要确实遵守。对于马丁·舒华兹专业的交易生涯而言，以月为计算单位，最大的损失是3%。马丁·舒华兹的交易哲学是，要求自己在每个月都盈利，甚至每天都盈利。实际上成绩也相当不错。在马丁·舒华兹的交易生涯中，有90%的月份都是盈利的。特别感到骄傲的事是，在每年4月之前都不曾遭逢亏损。由于他们宁愿赔钱也不愿意承认自己的错误。很多交易者在面对亏损时的反应是："只要我不亏损钱便出场。"为何一定要等到不赔才出场呢？这只是面子问题。马丁·舒华兹之所以能成为一名成功的交易者，就是因为终于能将面子抛在一边。"去掉其自尊心与面子问题，赚钱才是最重要的。"

（4）每年都重新开始，这是舒华兹的交易法则之一。每年1月，马丁·舒华兹都告诉自己是个穷光蛋，只是极其平常更加专注于交易。

（5）习惯一个人工作。过去马丁·舒华兹总会到城里的办公室去工作，由于那儿有许多朋友。然而随着时光飞逝，朋友也越来越少，马丁·舒华兹也不再到那里去了。如今，每天会与十几个朋友通电话，并且把自己的交易方式与策略告诉他们，当然他们也有自己的交易方法。

（6）在交易盈利了结之后，放一天假作为奖励。马丁·舒华兹发现自己无法持续两星期都维持良好的交易成绩。任何人进行交易时，均会经历一段持续盈利的大好光景。例如，马丁·舒华兹就能连续 12 天都赚钱，然而最后一定会感到疲累。于是每当持续盈利一段时间时，马丁·舒华兹便会减量经营，遭逢亏损的原因通常都是盈利了结之后却不收手。

三、除掉自尊与面子，从接受错误开始

马丁·舒华兹说，有一次我正在史坦普指数期货上建立一个巨大的部位，阻力正开始慢慢在我心中堆积起来。市场正在下挫，而我依然继续在那个本来就不小的部位上加码摊平，在一路下跌的走势中加码买进是我几乎从来不做的事，然而我的技术指标一直告诉我市场已经超卖，应当会出现一个反弹走势。我已经违背了自己最优先，也是最重要的法则：绝不让自尊心控制你的交易行为。

马丁·舒华兹向来自认是个勇敢而坚强的人，但是等到单枪匹马到股市闯天下时，却心里非常紧张。当时舒华兹只有 14 万美元，其中有 3 万美元就是用来缴税，9.25 万美元用来购买证券交易所的席位。因而在场内进行交易的时候，可以动用的资金只剩下 2 万美元了。于是向妻子的弟弟借 5 万美元，好让本金增加到 7 万美元。4 个月过去了，舒华兹的本金已扩大为 10 万美元。第二年，又盈利 60 万美元。从 1981 年之后，靠交易盈利的钱从来不少于 7 位数字。记得在 1979 年时他曾经对自己表示："我认为没有人可以靠股票交易，每个月赚进 4 万美元。"然而我现在可以轻而易举地在一天进 4 万美元。

马丁·舒华兹成功则是他态度的改变。他把自尊心与盈利的欲望分开，以往由于要维持自尊心，不肯承认自己看法错误对炒卖成绩通常带来灾难性的影响。

马丁·舒华兹分析他自己时说，自从自己能把自尊与盈利分开来后，才开始成为市场赢家。简单来说，从能接受错误开始。在这之前，承认自己失败要比亏损还难受。过去舒华兹总认为自己不可能犯错。在成为赢家以后，会告之自己："如果我错了，我就赶紧脱身。"舒华兹总是为下笔交易留些资本。在这种观念下，马丁·舒华兹总是把盈利摆在维护自尊之前，正是这样，面对输钱也不会太难过。自己犯了一次错又有什么大不了呢？

实际上从事交易不可能不犯错，马丁·舒华兹也犯了一个很严重的错误。当时做空史坦普股价指数期货与公债期货，但是公司债价格却涨过其移动平均价，舒华兹开始紧张起来了。幸好国库券价格并没有与公债价格同步移动。而马丁·舒华兹的交易原则之一是，当国库券公债移动平均价形成偏离时，即任何其中一种工具的移动平均价还高于另一种工具的时候，根据自己制定的交易原则，必须将手中的公债空头部位砍仓，但是马丁·舒华兹却由空转多。这个错误的决定，造成在一天之内遭逢 6 位数字的亏损。这是舒华兹近年最大的败笔。市场交易最引人入胜之处在于自己永远有着改善自己能力的空间。从事其他行业的人，或许可以用其他方法弥补自己原来的错误，然而身为交易者必须直接面对错误，由于数字是不会骗人的。

马丁·舒华兹认为，投机买卖最重要的就是赢钱，看法是否正确，并不是关键问题，输钱才是应该纠正的错误，我能够轻易承认测市错误，之后顺势而行，能够获得金钱。

其实交易就是一种心理游戏。很多人认为他们是在和市场抗衡，但是市场才不在乎他们呢！你真正对抗的则是自己。

马丁·舒华兹强调，每个交易员都必须面对它，而只有真正的赢家懂得如何处理它。在短期之内发生一连串恼人的损失这种现象总是一再地出现，而且深深困扰着伟大的交易员。它让你失去判断力，渐渐消耗你的自信心。有时候，它可以让你掉到一个永远无法逃脱的低潮中。你很确定一定有什么事不对头，让你失去了对市场的敏感度，再也难以在市场中获取胜利。一旦你身陷其中的时候，会感到一切的不顺利好像永无止境，你的判断力与市场节奏感均会消失无踪，这时你唯一该做的就是暂时停止交易，先冷静下来再说。

结束一连串损失的最好方法就是马上止损，并且把你的自尊心完全从这场金钱游戏中排除掉。

四、最棒的交易工具之一就是止损

马丁·舒华兹认为"止损是最棒的交易工具之一"。他的交易法则之一就是要在持有部位之前，事先确定自己在这笔交易中所能够承担的风险。在遭受重大损失后，必须要减量经营，更重要的是，在交易获利以后，也应该采取减量经营的策略。舒华兹如此解释，亏损通常都是跟随在成功的交易之后。大多数的交易者都应该有这样的经验，由于成功带来志得意满，而志得意满却会产生得意忘形和粗心大意。在止损点把你的情绪性反应和自尊心分开，而且承认你的错误。大多数的人在做这件事的时候都面临很大的困难，而一般他们不会将亏损的部位卖掉，反而希望市场会了解它是错的，接着反转回来按照他们认为"应该出现"的走势发展。

这种态度通常都会导致自我毁灭的后果，正如乔·格兰威尔所言："市场根本不了解你做多还是做空，它对这毫不在乎。"你是那个唯一会对自己的部位渗入情绪性反应的人。市场的走势仅仅单纯反映供给与需求的变动而已。如果你为市场的走向而欢呼，那么一定有某个人在市场走势不利于你的时候同样欢声雷动。

接受损失是一件很困难的事，由于止损不只是承认自己已经犯了错误，可是在金融市场里，犯错是难以避免、一定会发生的事。在从事每一笔交易的同时，必须要预先设立"认输点"，只要此价位一到，你就应该止损出场，而你应当要有这种心理上的修养，在这个点到达时切实执行止损。

马丁·舒华兹指出，大多数人没有办法了解的一点就是，当你正在输钱的时候，你也正开始失去客观性。就像在拉斯维加斯的骰子赌桌上，当你正在输钱时，一个身穿亮片装的胖女人摇着骰子准备出手，而你下定决心不让她赢你的钱一样。你忘了她才不管你是输是赢，只是在玩她自己的骰子赌钱罢了。无论任何时候你开始感到嫉妒、情绪化、贪婪或者愤怒的时候，你的判断力便会大打折扣。市场就如同那个摇着骰子的胖女人，它才不在乎你在做什么呢！这就是为什么当你到达止损点时就应该放下自尊，轧平亏损部位的主要原因。如果你与大多数的人一样，在此方面有难以克服的困难，就应该学学希腊神话里的奥地修斯：将你自己绑在船的桅杆上——运用自动执行的止损指令来帮助你将情绪阻隔在这场游戏之外。

最后马丁·舒华兹总结出，止损及两种方式执行：在你的经纪商那里放一个设定价位的止损指令单，或在你自己心中设定一个价位，无论发生什么事，只要价位一到就执行止损。无论你运用哪种方法，止损就是一种自我保护的投资，由于只要你对行情的看法是错误的，止损将让你避免因保留赔钱部位而遭受更严重的损失，并且使你不至于掉进一个可能越挖越深的无底洞，更可以保留东山再起的实力。止损自动将你的脑袋从负面思考中拉回中性的思路中。尽管在止损后你的钱不会回到原点，但是你的心智将回到能够重新组织和产生新点子的状态，不再因赔钱部位而使你的头脑停滞不前。

你在一笔交易中赔钱越多，你的客观性就变得越低。迅速地从一个亏损的交易中脱身可以让你头脑清醒，并让你的客观性得以重建。在片刻的喘息以后，如果你可以客观而理性地证明原先的想法依然可行，可能会重新建立相同的部位，而要随时提醒自己市场上多的是机会，不一定非要单恋一枝花不可。借助止损，你的交易资金从而得以保全，你因此也争取到下一个高盈利、低风险交易机会的参与权。

五、最重要的事就是将你的交易资金保护好

马丁·舒华兹说，一条重要法则是：保护好你的资金。当我一走进赌场的时候，我便走到兑币处窗口前，要一个保管箱来放我的钱。我将所有的钱都放在那个保管箱里，身上只留几百美元。假如手头上的钱都输光了，我就必须去打开保管箱取钱。这样强迫自己去保管箱拿钱的动作可以达到两个目的：一是这让我可以暂时离开赌桌，自动将一直赔钱的烂手气给中止掉；二是也可以使我有时间轻松一下，接下来思考下一步要怎么做比较好。这个动作的效果就如同在我脸上泼盆冷水似的。这对于金融交易同样适用：将你的钱放在另外一个独立户头，除非你紧急将钱转账过去，否则你的营业员难以动用。这样一来，你就不会由于一时的情绪激动，而轻易地将手中的子弹一下就用光了。

赌场里有这样一句论调："不要在赔钱后再将更多钱送出去！"这的确是至理名言。你应该审慎地管理所拥有的有限资源，而且绝不让自己产生太大的亏损。大多数人在他们赔钱的时候加大赌注，他们加倍赌注，是期待能在下一把骰子赌局中，把所有的损失弥补回来，使用这种策略的下场一般都很悲惨。停止一连串赔钱最好的方法就是停止交易！立即止损，马上停止流血般的损失！休息一会儿，让你的理智管制住你的情绪性反应。不管什么时候等你准备再出发的时候，市场都还是在那里的。

但必须相信我，这么简单的建议可谓是知易行难啊！1996 年 8 月，我正陷入交易生涯中最糟的连串赔钱之中，而真正快把我弄疯的是，尽管认真检讨那些导致亏损的交易，然而我非常害怕亏损，以至于难以用

赢家的心态来思考。这种对亏损的恐惧让我的反应速度大幅减缓，当我看到任何事发生的时候，却应对越来越迟缓，从而使我面临更大的交易风险。我所应该做的就是暂时退场，重新充电，然而当时我做不到。有个朋友打电话约我去打高尔夫。我知道应该休息一下，所以就告诉他我可以与他打个十八洞。可是当我准备出门时，竟然不自觉地想做些什么。我就是无法眼睁睁地看着市场一路上扬而竟然不能插上一脚。于是我在出门前买入了十口史坦普期指契约，接着因为这个烂部位又亏损了2.5万美元。这不但毁掉了我快乐的一天，还再次折损了我的自信心。

你永远都不应当在还没把车排进空挡前就直接从倒车挡排进一挡。你必须先轧平所有的部位，才能让恶劣的交易情况有所改善。你应该懂得止损！当你对亏损的恐惧逐渐上升时，你的情绪开始让理智短路，而你对自己的所作所为将不再有信心。停止情绪化的反应！冷静下来，并且依靠你的理智重建动能。必须记住，时间永远是你的盟友。运用时间来放松心情，理清思绪，重新找回你的能量。

一旦已经执行止损，便要坦然接受你所承受的亏损，经过一段准备阶段，等你对交易习惯与操作方法再度感到认同之后，便已经准备好重出江湖了。重新出发的最好方法则是先少量操作，并且将重心放在盈利的稳定性上。千万不要在重新出发的时候，立刻就想大捞一票。

当我回到市场上的时候，会找一个非常满意的交易机会，接着少量操作，并且设定严谨的止损。这样一来，假如我又犯错，就立即砍掉出场。我随时都在提醒自己"赚小钱，赚小钱，赚小钱""黑字，黑字，黑字"。这些均是心理层面的问题，我觉得我在此方面生了病，而借助这些方法使我得以复原。我需要恢复自信心，由于自信心是成功操盘手不可或缺的要素。我在另一天建立了三口契约部位，这对我而言是小得微不足道的部位，然而我最终靠着这三口契约赚了1.5万美元。靠着这笔钱在第二天又把总盈余增加为4万美元，猛然间，再将找回了进行交易的热度，这感觉特别棒！

　　假如因为某些理由使这种做法一开始就没什么作用的话，先停止操作更长一段时间，接着以更小的部位再度入场。在你能够找回所有的感觉，并且把先前一连串损失所造成的阴影抛诸脑后前，最重要的事就是把你的交易资金保护好。连串的损失是这场金钱游戏中最不幸的一部分，然而若你是一个纪律严明的操盘手，懂得在操作不顺的时候先让自己退场观望的话，亏损便会结束而账面上又会出现让人欣喜的黑字了。

第九章 布鲁斯·柯凡纳控仓的秘诀

人物简介

布鲁斯·柯凡纳（Bruce Kovner）是当今最大的外汇、期货炒家之一，1987年柯凡纳为自己及他的忠实拥护者赢得超过3亿美元。

在1977年到1987年的十年里，布鲁斯·柯凡纳的投资基金每年平均增值87%，换句话说，以复利计算，1978年以2000美元加入高富拿的投机基金，10年后可以增值到100万美元。

1992年在美国《财经世界》杂志发表华尔街十大收入最高人士的排名榜中名列第六，年收入为1亿美元，威风不减当年。虽然战绩极其出色，交易数额惊人，但他始终相当低调，决不喜欢接受传媒的访问。

布鲁斯·柯凡纳毕业于哈佛大学，曾在母校及宾州大学任教，也曾从事政治活动，为以后对各国经济分析打下基础，但由于经济条件所限，最后走入期货行业。

入行初期，布鲁斯·柯凡纳跟随马加斯学习投机技巧，由于领悟性高，再加上本身优越的分析能力，在短时间之内，管理的投资基金上升到超过6.5亿美元，青出于蓝，纵身成为一代宗师。

投资策略及理论：十分注重基本因素，在入市之前，必有一个明确的市势观点。

具体做法：主力投机工具是外币市场，而赖以克敌制胜的条件则是对各国经济的深入分析。

对投资工具的看法：只有充分了解市场上升或下跌的原因，才会根据图表的信号入市，同时图表分析可以证实基本因素所显示的趋势，加强入市信心。

控仓名言：风险管理，减低注码，最重要的，切莫以个人的意愿，作为入市的根据。

一、布鲁斯·柯凡纳的金字塔交易法

柯凡纳当时对利率方面的理论下过一番颇深的功夫。他说："我完全被收益率曲线迷住了。"所谓收益率曲线（Yield Curve）是公债收益率与其偿还期之间的关系。例如，长期公债收益率高于短期公债，五年期公债收益率高于一年期国库券，在图形上显示出来的收益率曲线就会呈向上攀升的局面。

柯凡纳根据利率理论，发现利率期货市场中较近月份期货的价格总会高于较远月份期货的价格。较远月份期货之间价差近乎零，而较近月份期货之间差距较大。柯凡纳的第一笔交易便是买进某个月份的期货，而卖出更远月份的期货。随着时间的推移，买进的期货与较远月份期货的价差也就越来越大。

这笔根据理论所从事的交易相当成功，而柯凡纳的第二笔交易也与同商品不同月份的价差有关。同商品不同月份的价差（Intermarket Spread）交易是在某商品市场中买进一笔期货，而卖出另一笔不同到期日的期货。柯凡纳预期铜供应紧俏，会促使较近月份的铜期货价格扬升，于是他买进较近月份的铜期货，卖出较远月份的铜期货。虽然预测正确，但是他却过早买进，最后只好认赔了结。尽管如此，他3000美元的赌本在经历两笔交易后，还是增加到 4000 美元。

柯凡纳在谈到他的第三笔交易说："第三笔交易才是促使我跨入交易员这一行业的关键所在。"在 1977 年初，黄豆市场供应持续短缺，我则密切注意 7 月黄豆期货与 11 月黄豆期货的价差变动情况。我在 11 月黄豆期货较 7 月期货溢价（Premium）约 60 美分时，买进 7 月期货，卖出 11 月期货，后来在溢价扩大到 70 美分时，我又加码一笔合约。我是以金字塔交易法进行交易的。我有一套计划，我总是等待价格涨到某个水准，然后回跌到某个特定价位后才加码。当时黄豆期货市场行情一片大好，价格连续涨停。到 4 月 13 日时，该商品价格更是创下新高纪录。

无论是股票、期货还是外汇，金字塔加码法，都是趋势交易者"追涨"时最常用的手法。

在账户出现浮动利润，走势仍有机会进一步发展时加码，是求取大胜的方法之一，加码属于资金运用策略范畴。增加手中的交易，从数量而言，基本上有三种情况：第一种是倒金字塔式，即是每次加码的数量都比原有的旧货多；第二种是均匀式，即是每次加码的数量都一样；第三种是金字塔式，即是每次加码的数量都比前一批合约少一半。

如果行情是一帆风顺的话，那么上述三种处理都能赚钱。如果行情逆转的话，这三种处理哪种比较科学、哪种比较合理就立见高下了。

假设我们在 1920 元买入某商品合约，之后价格一路上扬，随后在 1955 元加码，到 2005 元又再加码。又假设手头上的资金总共可以做 70 手合约，如果以上述三种方式分配，就会产生如下三个不同的平均价。

倒金字塔式：在 1920 元买 10 手，1955 元买 20 手，2005 元买 40 手，平均价为 1978 元。

均匀式：在 1920 元、1955 元、2005 元三个价位都买入同等数量的合约，平均价为 1960 元。

金字塔式：在 1920 元买 40 手，1955 元买 20 手，2005 元买 10 手，平均价只为 1942 元。

如果某商品期价继续上扬，手头上的 70 手合约，均匀式加码比之倒金字塔式每单位多赚 18 元的价位；金字塔式加码更是比倒金字塔式多赚 36 元的价位。

反过来，如果某商品期价出现反复，升破 2010 元之后又跌回 1965 元，这样一来，倒金字塔式由于平均价高，马上由赚钱变为亏钱，原先浮动利润化为乌有，且被套牢；均匀式加码虽勉强力保不失，也前功尽弃；唯有金字塔式加码的货由于平均价低，依然有利可图。

做空头时也是同样道理。在高价跌势未止时加码，也应一次比前一次数量要减少，这样，空仓起点时的数量保持最大，最后一次加码数量最少，维持金字塔式结构，这样平均价就比较高，在价格变动中可以确保安全。

二、资金管理是重要课题

柯凡纳认为资金管理是重要课题，他表达这样的看法：

强调资本保障观念，就可以永远活跃于市场。以往，我总会在记事簿上写"保障资本"。如今，这四个醒目的大字就贴在电脑屏幕旁。我应该随时提醒自己，特别是出现不寻常的亏损时。

假如交易账户爆掉，我相信问题绝对是资金管理不当，没有珍惜交易资本。不过，欠缺交易技巧可能也是造成失败的部分原因，然而最大的问题一定是资金管理方法与风险控制。没有资本，就没有交易，所以绝对不可承担太多风险。

不管你是什么类型的交易者，也无论你采用趋势跟踪系统或反转系统，是短线交易者或者长期投资人、应用纯机械性系统或主观判断，假如遵循严格的资金管理计划，就很可能成功。大多数交易者根本无资金管理计划，即便有，可能也不知道怎样遵循。假如你不懂得如何管理交易资本，总是依靠运气，那也无机会在金融市场赚大钱。

技术分析书籍通常忽略或不太重视资金管理的问题。我们可以看到大多数讨论技术分析、选择权，甚至交易心理学的著作，然而极少看到专门讨论资金管理的书籍，但是资金管理往往是决定交易成败的关键所在。尽管你拥有全世界最好的交易系统，除非懂得如何管理资金，否则极可能还是免不了失败。以前我曾经拥有一些不错的系统，然而始终不能有效处理资金管理与风险。尽管偶尔还是能赚钱，然而只要承担太多风险，或是遭受一些逆境，就迅速连本带利地输掉。

相反，尽管交易系统不太高明，然而只要掌握资金管理技巧，依然能维持赢面。也就是说，只要有完善的资金管理计划，任何不太离谱的交易系统都可以成功。只要合适的管理风险，最单纯的系统也可以获得理想绩效。如果缺少资金管理能力，交易的路途将会变得非常艰难。

我通常把资金管理计划比作汽车的刹车系统。每个 18 岁的年轻小伙子，都会炫耀自己车子的速度。他的车子也许跑得很快，然而除非有非常好的刹车系统，否则最终还是免不了发生车祸。话说回来，我的母亲驾驶一辆老式的卡迪拉克，每小时仅仅跑 40 英里，而她对于刹车的关心程度，大大地超过汽车的其他性能。因此，汽车保险杠上从来没有碰掉过漆。这跟资金管理之间有什么关系呢？一套交易系统的盈利能力也许让你印象深刻，然而资金管理才是让你避免破产而成为真正赢家的关键。

如何找到入场点，仅仅是凑成拼图的一小块图片而已；如何找到退场点，也是另一小块图片；至于怎么样管理风险，这对于最终成败的影响，更甚于如何寻找入场点与退场点。然而，在交易者眼中，资金管理与风险参数设定，却永远是不太重要的问题。大家总是花太多时间观察走势图或者测试交易系统，完全忽视了资金管理问题。系统发展过程当中，有些人完全专注于技术指标，根本不管交易部位规模，然而部位规模通常是决定交易者成败的关键因素。知道如何管理资金，它的困难程度更超过研读走势图、建立部位或者设定止损。经过 11 年的市场洗礼以后，资金管理依旧是我最大的弱点所在。

我坚信资金管理的重要性，比挑选交易对象更为重要。若你听过任何优秀交易者的讲演，应当发现每位交易者都使用不同的方法：有的人注意趋势，有的人挑选反转系统，有的人偏爱短线进出，另一些人就长期持有，还有的人从事差价交易。然而所有交易好手均有一个共同点，他们均采用严格的资金管理计划，并且都认同这是他们之所以成功的关键。

资金管理的目的极其单纯：在很不好的交易或连续亏损以后，依然有能力留在市场进行交易。学习怎样管理风险，有利于交易者保护珍贵的资本，让其经得起正常的连续亏损。掌握资金管理的窍门以后，就能忍受 15 笔连续损失，接着在两笔交易中挽回先前所有的亏损。相反，若没有资金管理计划，即便在 15 笔连续获利以后，也可能由于两笔亏损交易而破产，因为他不懂得如何控制风险。缺乏完善的资金管理方法，交易者将不知道经得起哪种程度的亏损，只要几笔失败交易就可能使账户报废。

资金管理计划的内容可能非常精细，包括一些交易规则，例如，不可向下摊平。此外，计划内也可以规定分批入场与分批退场的方法。例如，假设你相信某笔交易值得建立最多股数的部位，可以先买入 50% 的股票。每个人运用的法则与方法都不尽相同，因而没有最好的资金管理计划。一个完整的资金管理计划应该是：

1. 决定风险资本的金额

我一共有 3 万美元可供交易，所以只用 1.5 万美元当作风险资本，剩余的 1.5 万美元将存到货币市场基金账户，以备不时之需。

（1）决定任何单笔交易可承担的最大风险。

任何单笔交易可承担的最大风险，不得超过风险资本 1.5 万美元的5%。换句话来说，假如风险资本继续保持为 1.5 万美元，任何单笔交易承担的风险将不超过 750 美元。有机会的话，最好将这个水平降低为 2%。

（2）决定一切未平仓部位所能承担的最大整体风险。

不管什么时候我都不会持有超过 7 个以上的部位，一切未平仓部位承担的整体风险绝对不超过风险资本的 20%。假如在相关市场同时持有部位，这些部位承担的整体最大风险不得超过风险资本的 7.5%。

2. 决定每个市场持有的最大合约口数（或股数）

我会绘制一份表格，详细列出每个市场（或每只股票）所允许持有的最大合约数（股数）。这些最大合约口数，就是将每个市场所能承担的风险金额（即风险资本的 5%），除以该市场的平均真实区间（ATR）。通常来说，实际交易的合约口数，均少于最大合约口数。然而，若遇到胜算颇高的机会，就可以应用最大合约口数。假如真的遇到非常好的机会（即风险很低而胜算极高的机会），实际交易数量可以是最大合约口数的 1.5 倍。

3. 按照风险状况决定部位规模

决定每笔交易所能担当的最大风险以后，我会使用技术分析估计止损水平，将可允许接受的损失金额，除以止损金额，来决定所能够交易的股数。假如止损金额少于可接受风险，我便会进行交易，否则就会放弃。

4. 决定能接受的风险报酬率

我只能接受风险与报酬比率为 1:3 或者更好的交易。一笔交易的盈利潜能无论看起来多么好，只要判断错误而发生的损失更大，我就不会从事这笔交易。

决定每天停止交易的损失上限，每天的损失只要累积到 1500 美元（等同于风险资本的 10%），当日就停止交易。只要损失累积到 1000 美元，便开始结束一些绩效最差的部位，并且暂时不建立新部位。

5. 决定什么时候应该调整风险参数

除非我能将每笔交易承担风险降低为风险资本的 2%，否则不更改当前的风险参数。达到上述目标以后，每当风险资本成长 20% 的时候，便会调整每笔交易所愿意接受的最大风险金额。同理，若风险资本减少

20%，我也会做出相对的调整。

6. 决定重新检查交易计划的亏损上限

开始从事交易以后，假如亏损累积为风险资本的35%，我便会重新检查交易系统、风险参数和交易计划，看看自己造成亏损的原因。

三、学会控仓，就是学会控制风险

柯凡纳认为，在现货投资的过程，风险控制的方法有很多种，例如止盈、止损、仓位管理等，那么首当其冲的则是仓位的管理。仓位管理是一把"双刃剑"，控制得好，能使我们在现货投资中游刃有余，进可攻退可守。控制得不好，将可能使我们遭受巨大的损失。

下面是现货投资仓位管理的三大技巧。

第一种：一开始进场的资金量，占总资金的一个固定的比例，如果原油行情按相反方向发展，逐步加仓，摊平成本，加仓也遵循这个固定比例，这种方法就是原油投资中经常用到的矩形仓位管理方法。

优点：每次加仓是固定的仓位，持仓成本逐步抬高，对风险进行平均分摊，平均化管理。在持仓可以控制，后市方向和判断一致的情况下，会获得丰厚的收益。

缺点：初始阶段，成本比较快地升幅，越是反向的趋势，持仓量就越大，如果形成了单边，即有爆仓的概率。

第二种：一开始进场的仓位小，如果原油行情是按相反的方向运行的话，逐步加仓，摊平成本，加仓的比例不断增大。这种方法就是原油投资中经常用到的漏斗形的仓位管理方法。

优点：初始风险比较小，在不爆仓的情况下，漏斗越高，盈利越可观。

缺点：这种方法，一般是在对大势判断与未来的走势一致的前提下，买在大势回调的时候。在这种仓位管理，一旦出现反向走势，持仓量就越大，同时承担的风险会越高，如果后市走势如同之前预判的一样，那将会有不小的获利，如果后市形成单边的相反走势，就会导致爆仓。

第三种：一开始进场的仓位大，如果行情反向相反的话，不加仓，如果方向一致，则可逐步加仓，但加仓的比例逐步减少。这个就是现货投资中经常使用的金字塔形的仓位管理方法。

优点：跟价格趋势走，趋势越明朗，胜率越高，同时需要动用的仓位就越高，获利也会高。

缺点：在震荡行情中，比较难获取利润，初始的建仓比重大，所以对于第一次入场的要求比较高。

四、如何控制损失

交易成功的关键是要如何控制损失，使其金额不超过获利。对于很多交易者来说，学习怎样认赔是很困难的，但他们了解一件事实：一笔交易亏损 30 美元，总好过亏损 1000 美元。请注意，真正的制胜点，通常不在于如何扩大获利，而在于如何控制损失。

柯凡纳在经过无数次市场风险的洗礼和磨炼后，对设立止损方面有独特的技巧。每次入市前，一定先订下止损盘，以确保可以安枕无忧，止损盘永远摆在图表上重要的价位之外，交易的注码，视乎止损所牵涉的金额而定，不会因为行情出现的小小调整而被触及。也就是说，宁可减少交易量去迁就一个安全的止损位。

对于设置止损位的重要性，柯凡纳做出详细说明：

我总是避免把止损点设在市场行情可能轻易达到的价位。若你分析正确，市场行情绝不可能会回档到止损价位。有时候在设定止损点时，我根本就会认为市场行情无法轻易达到这个水准。

一是亏损就会提醒我要减量经营。二是正如你所说，就算我认为我的基本分析正确，然而技术面也会提醒我应该三思而后行。例如，我看坏美元行情，而美元汇价却突破某个中期技术性关卡，在此情况下，我便会重新考虑自己对市场的看法。

凭借如此的方式，柯凡纳尽可能地减少被迫出场的机会，而且也能有足够的时间等待市场行情反弹。这种方式精髓是：如果市场行情真的达到止损点，这显然表示这笔交易犯了错误。由此可知，设定止损价格应不只是表示每笔交易应该承担亏损的最大金额。

对于止损盘的处理，柯凡纳表示：我设立止损点的原则，尽量远离大众，设在难触及的地方。在这种情况下，除非入市决定基本上错误，柯凡纳可以避免因此止损位欠妥善而放弃一个可以赢取大钱的机会，而在同一时间，也可以维持稳健的资金管理制度。背后的哲学是宁可减少入市的注码，以换就较大的止损盘，普通的炒家往往以金额作为设立止损盘的依据，去增加买卖的数量，结果是经常遭遇到愚弄，止损后市势一如所料的发展，徒呼奈何。

柯凡纳认为，金价在 380 元的区域内震荡，将止损盘摆设在上述范围内，自然则是愚不可及的事情，早晚你将成为市场的口中肥肉。

柯凡纳永远将止损盘摆在图表上重要价位之外。入市之后止损盘成为资金及风险管理的重要工具，如果出现任何差错，柯凡纳知道止损盘可以自然而然带他脱离困境而避免涉足深陷。

五、研判交易控制风险

柯凡纳说："我不会只靠技术面消息从事交易。虽然我经常使用技术

分析来帮助我进行市场判定，但是除非我了解市场变动的原因，否则我
不会轻易进场。"

柯凡纳的每笔交易后面都有基本面因素的支持。不过他补充说：
"技术分析通常可以使市场的基本面情势更加明朗化。举例来说，1987年
上半年有人说加拿大元会升值，也有人说加拿大元会贬值，而我根本无
法判定加元的走势。不过假如硬逼我作选择，我会选择加拿大元贬值。
后来美加贸易协定签署，市场情况才逐渐明朗。实际上，在美加贸易协
定签署的前几天，加拿大元就已经开始上扬，而我直到这时候，在市场
大势逐渐明朗的情况下，才敢断言加拿大元将会上扬。"

在美加贸易协定之前，柯凡纳觉得加拿大元已经涨到高价水准，因
此无法确定加拿大元会上扬，或是下跌。他也只有等待市场变动，然后
再跟随市场变化的方向做动作。他之所以如此，主要是因为两项要害性
的判定，一项是市场的基本面产生变化（虽然柯凡纳不能确定这个变化
对市场情势可能造成的影响），另一项则是市场的技术面显示加拿大元已
经突破上档压力区。

因此，对技术分析，柯凡纳的看法是：有些技术分析相当具有可信
度，然而，也有很多根本就是胡说八道。

柯凡纳的交易风格包含了基本分析和技术分析。他认为，这等于是
要求医生只用诊断或体检表为病人治病。实际上两者都有需要。不过，
如果一定要选择其中一个，我认为基本面的信息比较重要。在过去，光
依靠技术分析就能赚钱，不过当时市场上并没有充斥所谓技术性假突破
现象，但是现在，几乎每个投资人都是技术分析专家，而且也许出现许
多技术性交易系统。这种转变使偏重技术面的交易员难以从事交易。

柯凡纳分析时非常注重基本因素，在入市之前，必须有一个明确的
市势观点，只有充分了解市场上升或者下跌的原因，才会依据图表的信
号入市，同时图表分析可以证实基本因素所显示的趋势，加强入市信心。
为了更加仔细地分析市场，柯凡纳订阅了大量的投资分析报告，例如，

波浪大师艾略特、马丁·舒华兹、戴维斯等，然而柯凡纳没有只依靠分析报告去进行交易，因为在市场上获利，个人的信心更重要，假如单凭他人的意见入市，可能无法贯彻始终，这是期货市场的大忌。假如在大部分专家意见一致，而市势并不配合，就会构成警惕信号，因为在这种情况下，大部分人将会做出错误的投资决策。也就是说，当大部分人看好时，市势就会向下。

柯凡纳将风险管理列为交易成功的第一要件，他自己总是在买进之前就先决定出场的时机。与此同时，他还强调，必须以整个投资组合来评估风险，而不是依据个别的交易来评估。此观念对于具有高度相关性的交易特别重要。

未入市之前先要有离场的据点，普通炒家对于每次买卖可能冒的风险多数单独衡量。柯凡纳则坚持通盘研究每次买卖对全部资金可能带来的影响，柯凡纳则坚持要明确分析，以柯凡纳处理投机外币额来说，超过 6.5 亿美元，再加上主要投机外币市场，每个买卖互相关联，必须小心处理。

吃一堑长一智，以前柯凡纳曾经因持有合约性质相同而遭遇惨痛教训，不得不特别小心处理。

首先，柯凡纳会尽量把每笔交易的风险控制在投资组合价值的 1% 以下。其次，柯凡纳会研判每笔交易的相关性，进一步降低风险。他天天都会作电脑分析，并了解持有部位的相关性。

随着经验的累积，柯凡纳了解在持有部位相关性方面所犯的错误，可能会引起重大的交易危机。

柯凡纳强调，如果你持有八项相关性很高的部位，这无异于从事一笔规模与风险为原来八倍大的交易。

六、不要因一时冲动而胡乱买卖

　　柯凡纳引以为戒的另一信条是，切莫因一时冲动而胡乱买卖，想在投机市场立足，必须按照既定计划行事，成功的炒家必须具备的条件包括意志坚强独立而又能够远离"羊群心理"。

　　柯凡纳最糟糕的一笔交易是因为过分冲动。根据他个人的经验总结出：从事交易最具有破坏力的错误，就是过分冲动。

　　1970 年中期，柯凡纳经过一年时间的深入研究和市场调查，终于在期货行业，以 3000 美元资本入市，一次债券跨期的胜利，去掉期铜的损失，账户的资金增加到 4000 美元。真正动人的故事，终于发生在柯凡纳身上，时间是在 1977 年，当时大豆市场发生严重缺货的现象，柯凡纳认为，7 月大豆合约相对于 11 月的合约，两者的差距只会越来越大，正常来说，但在谷物类及其他杂货市场，如果出现缺货的情况，不但价钱上涨，而且就会出现近期合约比远期合约高的特有现象，柯凡纳看准机会，入市买进 7 月大豆合约，同时卖空 11 月合约，两者差价是 7 月高 60 美分，柯凡纳顺水推舟，以金字塔加码方式继续增加跨期合约的持仓数量，当柯凡纳持仓合约，增到 15 套时经纪公司的主管向他发出警告：柯凡纳，大豆的保证金是 2000 美金，而跨期合约的保证金是 400 美金，但以前大豆疯狂上涨的市势来说，先持有 15 套跨期合约，实际上与单头持有 7 月的好仓性质相同，因此我要增收你的保证金，每套合约 2000 美金。柯凡纳在胜利途中，增加保证金自然成很大压力，一怒之下，将账户迁往另一家规模较小的经纪公司，1977 年 2 月 25 日，柯凡纳持有第一套合约，4 月 12 日账户资金已经增加到 3.5 万美元，柯凡纳以金字塔加码方式增加持有跨期合约的数量，按照既定计划行事，有板有眼地执行，并无差错。

1977 年 4 月 13 日，大豆再创新高，经纪人致电柯凡纳声调兴奋：柯凡纳，大豆价值飙升上天，看来今天又将以涨停板价位收市，7 月已经即将接近涨停板，11 月亦步亦趋，继续保持 11 月的沽仓是否愚不可及呢？倒不如将 11 月合约先平仓，之后如果大豆再到涨停板，那么几天利润不就更大了。听起来非常有理，于是柯凡纳将全部 11 月的抛空合约平仓，只持有 7 月好仓，十几分钟以后，同一经纪人来电语调接近疯狂：我不知道怎样向你交代，然而大豆市场全部跌停板！如何是好？柯凡纳差点当场昏过去了，幸好后市略微回升，终于柯凡纳有了平仓离场的机会，埋单计数，柯凡纳账户资金由 45000 美元下降到 22000 美元。

一次轻率的决定，使柯凡纳感情上所受到的创伤特别大，柯凡纳深为自己的鲁莽决定感到羞耻，细心检查，过失很多。对于自己作为一个出色炒家的条件也开始感到怀疑，影响之下，多日不能进食，实际上，柯凡纳以 3000 美元起步，迅速增加到 4.5 万美元。顺风顺水，一心以为期货市场黄金满地，可以随手拾来，增加财富只是轻而易举的事情，一次错误的决定，使柯凡纳领悟到投机买卖的风险，他停战一个月彻底检查失误的原因，才放胆再次加入战斗，一句话来说，一时冲动做出的鲁莽决定，足以误事。

因此，柯凡纳强调，任何人从事交易都应当根据既定的策略方向前进，千万不要因为一时冲动而仓促改变策略。例如，因朋友的推荐而买进一笔未经计划的期货合约，或者只因为市场行情一时不振，而在价格还未预先设定的止损点之前就仓促出清所持有资产的部位。

七、必须接纳经常出错的现实

柯凡纳认为，一个成功的交易员应该具有坚毅、独立、自我主张的个性。他强调，承认与接受失败是成为一个成功的交易员的必经过程。

他的老师马加斯经常提醒他：判断错误并不是羞怯的事情，根据以往经验，我通常在自以为最佳投资机会的交易上失手，然后选择第二次决定出击，也是无功而退，最后以信心较逊的第三抉择应战，结果大获全胜。

柯凡纳记住了老师的教诲，同时他也认为，必须勇于认错，接纳经常出错的现实。

虽然大豆战役使柯凡纳自尊心大受打击，毕竟金钱上仍有进账，在果断平仓的时候，他当时没有感到恐慌，唯一考虑的要点是尽快离场，他开始明白赢钱容易输钱更快，老实讲，他能够得回 22000 美元简直是洪福齐天。

柯凡纳果断的决定，避免一场大难。柯凡纳平仓之后，大豆价位直线下挫。

他认为，稍一犹豫可能全军覆没。

错误的时候，柯凡纳明白自己已经失去理智，全无纪律，幸好能够悬崖勒马，改过自新。

柯凡纳认为，当市场出现剧变影响波及感情上的平衡，对于前景一片模糊时，应不顾一切地平仓离场。

最近的例子是 1987 年 10 月 19 日世界股市崩溃的时刻。在当年的 10 月 19 日至 20 日，柯凡纳对市场发生的事情，不知底细。因此依据他的买卖戒条，马上将所有盘口平仓静观其变，避免在糊里糊涂的情况下遭受损失。

对于立志从事投机交易的人来说，敢于认错是首先和必须具备的素质。敢于认错是一个人的良好品德，但对于投机期货的人来说，却是生存的必需。如果你是一个死要面子，连自己的错误都不敢承认的人，最好是不要从事期货交易工作。

在投机市场犯错是常有的事，没有谁能在交易中不犯错，也没有任何分析工具或交易系统是万灵的，能够做到"大错误不犯，小错误不断"，已经是一个非常了不起的交易员了，好多大师级的人物就是如此。对于一个交易员来说，犯点小错不要紧，问题是要敢于承认错误，敢于改正错误。对于交易中的错误认识得越早越好，改正得越快越好。时刻保持认错的心态，改错的行动果断，"不要面子，只要票子"，才是唯一正确的选择。

在交易中，如果市场如交易员所愿运行当然是再好不过的事了，但是，更多的时候市场总是同我们过不去，即使最伟大的大师也不例外。那么，在市场同我们过不去的时候，我们就要认错，就要改错，把错误限制在最小的范围之内。

只有勇于承认自己的错误，及时从市场中撤出，尽可能减少损失。保存了竞争的实力，才能够卷土重来。

在大豆战役之后，柯凡纳休息一个月，再次加入战斗，三扒两拨，账户净值上升到 4 万美元。

第十章 伯纳德·奥佩蒂特控仓的秘诀

人物简介

伯纳德·奥佩蒂特（Bernard Opette），全球顶尖交易员，法国人，是巴黎巴银行全球股票衍生性交易的主管。巴黎巴银行隶属于巴黎巴集团，这是一家国际性银行，在全球60多个国家设有分支机构。巴黎巴集团的总资产超过2690亿美元。

1967年，伯纳德·奥佩蒂特刚从学校毕业，就进入巴黎巴工作。最初任职于巴黎巴的技术部门，但这段时间并不长。当时还处于信息科技发展的初期，个人电脑很不普及。1982年到1987年，他在巴黎总公司从事投资银行的业务。

1987年，他被调到纽约。1990年开始，主管纽约地区的业务，一直到1995年为止。

伯纳德·奥佩蒂特主要是从事股票选择权与指数选择权等衍生性产品的交易，涵盖所有的主要市场以及一些新兴市场，例如，巴西、阿根廷、墨西哥与大部分的东南亚国家，现在又增加了匈牙利、俄罗斯与波兰。

投资策略及理论：追踪关键玩家的活动，掌握公司事件的内涵。

具体做法：采用从下至上的方法。从来没有任何从上至下的案例，每笔交易都是针对特定公司进行。

对投资工具的看法：基本分析相当重要，但我所谓的"动态分析"

也是这样。你想知道某家公司到底发生了什么，某个人到底做什么，目的是什么，准备什么时候做，可以做到什么程度。任何事件背后一定有一段故事，你应当了解这段故事。

控仓名言：对于任何一笔交易，设定最大的损失金额，采用心理的而不是实际的止损。

一、采取稳定的交易战术去赚钱

伯纳德·奥佩蒂特强调主要的对象是个别公司，他研究一家公司，成为这家公司的专家。相反的策略则是从上至下，首先分析国家政策和产业，然后才是个别公司。伯纳德·奥佩蒂特花费无数的时间研究交易对象，竭力掌握公司管理阶层、股东、员工、往来银行、债权人、债务人以及该公司股票交易者的心态。他盘算后续的可能发展与股价反应。通过这个角度切入，直接归集资讯，胜算自然超过那些仰赖二手资讯的分析师。

1. 奥佩蒂特对个案研究

"1993 年，我们曾介入西北航空公司。该公司在 1989 年曾发生融资并购的事件。接着，整个航空产业便陷入严重的衰退，整体亏损高达数十亿美元，西北航空的业绩也江河日下。从资产负债表当中可以观察，西北航空那时候的银行债务很高，然而债券发行的数量很有限（假如记忆没错的话，总负债大约是六七十亿美元，除了 5 亿美元的债券以外，其他都是银行债务）。因为短期内再次陷入困境，公司提出破产的威胁。公司高层分别与银行集团、员工、供应商加以强硬的协商，只要商谈对手将因西北航空破产而受损，公司的态度就很强硬。"

"西北航空开始获得一些让步。银行就同意取消利息的费用，提供担保品的股价，波音公司也同意延缓飞机货款的交付时间。为了获得这些重大的成果，西北公司摆出将要破产的姿态。每天，他们总是通过媒体放话：'我们准备宣布破产。'这也是公司债券价格不断下挫的原因。最终，1 美元面值的债券价格仅为 10 美分。"

"按照我的分析，公司不可能破产。我认为这所有都是吓人的手段。不过，此手段对公司很有利，迫使谈判对手让步。对于我们而言，进行债券交易没有什么意义，由于规模实在太小。因此，我们开始买入西北航空的债务。然而结果也可能赔得非常惨，而我相信胜算更高。总的来说，我们认定西北航空正玩弄吓人的手法。"

"一旦谈判对手让步以后，一切均会奇迹般地恢复正常。公司开始公布一些漂亮的数据，债券价格回涨到平价，我们也获得四五倍的利润。最后，公司挂牌上市，经营绩效还是非常理想。"

"整笔交易涉及很多基本分析。现代的基本分析需要加以动态研究，特别是遇到这类的特殊情况。"

"欧洲迪士尼是另一个极其类似的案例，那时候，市场上有一种欧洲迪士尼的可转换公司债流通；当他们遇到麻烦的时候，就像西北航空一样，通过媒体制造许多杂音，渲染情况的恶劣程度。他们玩弄银行、股东以及每个人。然而没有触及债券，整个事件的发展也完全相似，包括我们的盈利在内。"

"在欧洲迪士尼的案例当中，债券就是可转换债券，则属于衍生性交易工具。可能是这个原因，使我们有机会掌握价格混乱的交易机会，由于许多衍生性产品交易员不了解根本证券，而根本证券的交易者又不了解衍生性工具。假如同时了解这两个方面，便可以取得优势。"

深入的策略性思考能够让你看见别人看不见的东西，并因此而盈利。不过，情况不一定始终这样。某个事件也许没有人们忽略的资讯或隐藏的议题。此外，辛勤工作未必能够让你产生特殊的见解。特殊的见解必须通过经验的培育。经过媒体报道追踪公司的发展，这是积累经验的好方法。

（1）熟悉所有的玩家，注意他们的言行。所谓玩家就是指具备不可忽略的影响力的人，包括团体在内，例如，工会很可能是重要的玩家。

（2）熟悉他们为了本身的利益，应当说些什么话；或是他们所说的话可能带来什么利益。动机是什么？隐藏的议题又是什么？只要涉及利益关系，任何的谈话均不可轻信。

（3）谁是最大的损失者？谁是最大的受益者？

（4）对于每个利益集团，他们期望发生的最佳、次佳与第三种结果是什么？

（5）每个利益集团操纵事件发展的着力点和影响力在哪里？

（6）每个集团对于每个结果的反应将怎么样？假如某个人这么做，其他人的反应与后续的发展可能会怎么样？

通过这种方式来思考公司事件，这明显是一种技巧，必须经过时间来培养。然而，这也能够增添交易的趣味。最后，必须记住，对于奥佩蒂特而言，价格受到公司事件的驱动，而公司事件又是由某些有权力的人塑造的。权力便代表影响力。所以，在整个价格变动的因果关系当中，你首先必须考虑："谁具有影响力？"一定要记住，对于某家公司或者特定情况，许多人都具有影响力。永远要保持开放的心胸和客观的立场。像奥佩蒂特所描述的故事，市场通常是一场权力的游戏。西北航空的案例涉及很多人，包括银行在内。权力和影响力不断流动，这让你在追踪公司事件的过程中更加困难，也更加有趣。

2. 奥佩蒂特动态分析法

伯纳德·奥佩蒂特介绍了一种十分有趣的观念。"基本分析相当重要，但我所谓的'动态分析'也是这样。你想知道某家公司到底发生了什么，某个人到底做什么，目的是什么，准备什么时候做，可以做到什么程度。任何事件背后一定有一段故事，你应当了解这段故事。"

依照伯纳德·奥佩蒂特的看法，公司事件不可能在真空状态发展，一定有来龙去脉，必须了解整个因果关系与背景。

伯纳德·奥佩蒂特说："对于股票交易而言，我认为技术分析有99%是胡扯，这种说法也许不适用于外汇、大多数的商品、指数和利率。技术分析在后面这几个领域内十分重要，因为这几个市场并没有统一的正确做法，即使你的操作很不理想，结果也可能胜过全然不理会。不过，我还是要强调一点，考虑背后的故事非常重要——谁准备做什么。"

主角也许不是银行、公司的供应商与股东，而是政府、供需关系与生产者。

伯纳德·奥佩蒂特说："条条大路通罗马，你也能单独通过技术分析获利。虽然我个人不知道怎么做，但我相信能够办到这点。"

在西北航空的个案中，奥佩蒂特采用的就是动态分析。

他希望了解其中的"故事"。动机在哪里？影响的着力点在哪里？分析之所以属于动态，因为情况不属于静态。他所关心的不是去年的损益表与资产负债表。奥佩蒂特处理的是活生生而正在发展的对象，随时可能产生变化而对股价构成重大的影响。

然而，动态分析不一定始终是最适用的分析工具。奥佩蒂特随着不同情况与交易类型而改变分析的方法，这点很重要。你应了解自己交易的市场类型与时间架构。例如，在流动性高的市场中进行当天冲销的交易，技术分析显然比基本分析更恰当。从另一个角度说，假如交易的基础是建立在某个国家未来几个月的经济展望，运用基本分析应该更适当。

伯纳德·奥佩蒂特从事许多不同形态的交易，可转换的套利就是其中一种。这属于比较纯粹的衍生性交易，动机可能是买入隐含价格波动率而卖空历史价格波动率。这类交易比较适合采用技术分析。对于风险套利来说，交易性质则截然不同。

伯纳德·奥佩蒂特说："我应当了解对手的想法，以及我与他的想法差异到底在哪里。答案可能非常简单。例如，他们考虑的对象可能不是隐含价格波动率。假如我认为自己是买入偏低的隐含价格波动率，然而对手的想法不是这样，那我就了解对方的行为动机，假如我依然相信自己的看法没错，那就行了。"

这类综合性的思考程序也是风险管理的适当工具。这样能确保你没有疏忽任何的环节，完全知道自己为何建立某个交易部位。所以，交易之前，你必须掌握这类的信息，清楚自己的预期是什么。一旦部位建立以后，才可以应对以后的发展，才可以果断采取行动。

3. 奥佩蒂特的交易战术

（1）追踪关键玩家的活动，把握公司事件的内涵。

（2）哪些人和哪些因子可能影响股票价格？怎样影响？动机在哪里？

（3）随着时间架构和根本证券的不同，你应该调整分析方法。

（4）一定考虑其他市场参与者正在想些什么。

（5）瑞士法则：不带任何情绪看待交易对象——客观和中性。

（6）亏损：每天均是由零亏损开始。

（7）亏损：诚实地对待自己，否则便必须开支票给伯纳德·奥佩蒂特先生！

（8）亏损：你能否愿意在今天的价格建立部位。

（9）亏损：感受恐惧的压力，以免重蹈覆辙。

（10）客观并不代表交易无艺术的成分。

（11）你不要承担巨大的风险，就足以获得重大的获利。

（12）风险跟报酬的关系如何？

（13）对于任何一笔交易，设定最大的风险水准。

（14）设定部位允许发生的最大亏损金额。

（15）分解投资，然而分散的程度不可以超过自己的管理能力。

（16）顶尖的交易员一定对自己负责。

（17）顶尖的交易员要有勇气认赔，承认自己的错误。

（18）具备远离大众的勇气，假如你的判断正确，能够提升自我信心。

（19）运用心理的而不是实际的止损。

二、必须设定风险控制和资金管理制度

受到媒体与一些丑闻的影响，一般大众认为交易员喜爱承担风险，乐于投机与赌博。可是像伯纳德·奥佩蒂特这样的顶尖交易员都不承认自己偏爱风险。

"我非常厌恶风险。如果有机会的话，我宁可赚取稳定的 1 万美元，绝对不会考虑成功率 10% 的 10 万美元报酬。就经济学的术语来说，我个人的效用函数明显向原点凹。"

所谓的交易风险，当然是指价格波动率而言。谈论价格波动率势必涉及概率的概念。根据某特定股票的历史价格波动率，我们可以估计该股票到达某目标价位的发生概率。因此，风险、价格波动率与概率属于不可分割的观念（注：在金融交易的计量模型中，风险通常被定义为价格分配的标准差。当然，价格分配考虑的价格可以是绝对价格、相对价格或资产报酬。选择权考虑的价格波动率通常是指根本资产报酬率分配的标准差）。优秀的交易员会等待胜算最高的机会——换言之，有利走势发生的概率最高，而不利走势发生的概率最低。另外，不同于业余的交易者，优秀的专业交易员了解一点，风险与报酬之间并不必然维持正向的线性关系。某些情况下，你可以发现风险极低而报酬极高的交易机会。

1. 分析风险与概率

"重点是你必须从理性的角度处理风险，而且还要一些想象力。杰出的交易员懂得如何与何时承担风险，也明白如何与何时避开风险。有些风险你应该承担，有些风险你不能承担。关键在于怎么区别这两者。你不需承担巨大的风险，就足以获得重大的获利。很多交易机会蕴含着可观的获利，然而风险并不太高。研究相关的市场行情和交易对象，也许应该花费大量的时间与精力，但实际投入的资金不一定承担太大的风险。"

"有一个关于经济学家的故事。这位经济学家与朋友在纽约的街上走着，他的朋友看到人行道上有一张百元大钞，于是指着钞票说：'教授，有一张百元大钞！'经济学教授冷漠地回答：'不可能，如果真是百元大钞，早就被人捡走了。'可是，我认为有许多低风险的赚钱机会。"

对于一个部位，伯纳德·奥佩蒂特如何分析风险与概率呢？"虽然我知道部位发生特定的损失之后就会出场，但我还是认为投入的全部资金都完全承担风险。另外，我也会考虑部位某个获利百分率的发生概率，然后评估我所承担的对应风险。我会考虑可能结果的概率分析，例如，采取某项行动可能有 50% 的概率如何发展，或不采取行动可能有 50% 的概率如何发展，或 50% 的小赔对应 50% 的大赚。你必须了解最后结果的概率分配概况。"

分析一笔交易的可行性，伯纳德·奥佩蒂特把所有投入资金视为风险资本。他知道部位顶多只会发生特定程度的损失（例如，15%），即使最大的损失设定为 15%，他还是认为整体投入资金都应全部承担风险。然后，从这个角度评估各种可能结果的概率分配，分析对应的报酬潜能。只有通过概率分析的架构，才能把握报酬的概念。

举例来说，如果建立某个选择权部位，起始价值为 1 万美元，风险资本就视为 1 万美元。为了评估风险/报酬比率，伯纳德·奥佩蒂特分析部位最后结果的概率分配。如此可以了解相关风险提供的报酬潜能。从数学角度来说，把发生概率视为权数而汇总各种可能结果，然后比较这个报酬期望值与风险。

2. 资金管理

风险分析与管理的工作，不仅仅局限在价格波动率与概率上，还包括资金管理。

"你必须设定严谨的资金管理制度，绝对不允许自己越陷越深。你可以采用某种最大连续损失的规定，或设定某个风险值。你也可以采用某种操作法则，例如：'损失不可超过某个限度'。你必须具备这类心理规范，任何时候都不可以承担设定范围之外的风险。你必须确定自己不会被三振出局，这点很重要。情况很容易失控，必须有明确的规范。"

设计资金管理的制度，你可以考虑下面几点：

（1）任何一笔交易当中，我能承受的最大风险金额是多少？也就是说，每笔交易最多能够承受多大亏损？值得注意的是，一系列的交易可能接连发生亏损，为了保存交易实力，每笔交易我最多能够允许多少金额的亏损？

（2）一旦交易部位建立以后，我最多准备承受多大百分比的亏损？某些人利用"风险值"的观念制定这项决策，这是依据所有未平仓部位可能结果的概率分配而计算的数值，代表部位承受的风险总金额。在特定的信赖区间之下，VAR代表正常市况下某特定期间的最大损失期望值。

3. 分散的投资组合

伯纳德·奥佩蒂特认为，分散投资是风险控制与风险管理的相关议题。通常，在特定的风险水准下，通过分散投资能提高报酬率。从另一个方面来说，对于特定的期望报酬率，假如不进行分散投资，那么你将承担最高的风险。若比较1000个部位与10个部位，分散投资的效益就十分有限了。若由1个部位分散为10个部位，效益很明显，但由10个部位分散为100个部位，应当不会有太大的额外效益。分散投资存在一个最佳的水准，超过这个水准后将带来反效果。

伯纳德·奥佩蒂特虽然相信分散投资的效益，但也不主张过度地分散。分散投资是提高风险/报酬比率的有效方法，然而，假如投资组合的部位太过于分散，你可能照顾不过来，反而提高亏损的可能性。采取分散投资的策略，伯纳德·奥佩蒂特提出三条建议：

（1）若个别部位都承受相同的市场风险，则不能提供分散投资的效益。

（2）个别部位的规模一定相似。假如9个部位的规模均是10美元，

第 10 个部位的规模为 10000 美元，这种分散投资就没有太大的意义。

（3）个别部位的价格波动率应当相似。让我们考虑 10000 美元的三个月期英镑存款期货合约与 10000 美元的长期公债部位，两者显然不能相提并论。

三、如何对待未平仓、止损、盈利部位

1. 如何对待未平仓

伯纳德·奥佩蒂特对待未平仓部位的方法，被他称为"瑞士方法"，因为他随时都清楚自己应该把情绪放在一边，保持客观、中性的立场。

他认为，每个交易者都懂得，一旦部位建立之后，情况就完全一样了。从此时开始，一切都是真正的现实，不再是荧幕上闪烁的数据或者账面上的数字。期望将会影响预期，情绪将会干扰理智，客观变成了主观。

部位开仓后，便会开始寻找平仓的机会，结果将是赢利或亏损。每种情况造成的情绪均不一样。假如部位发生亏损，很多交易者期望情况会突然好转，他们非常恐惧，不愿意接受亏损的可能性。你有责任认识这种的情绪，然后果断割舍。你的决策应当建立在公司相关分析的客观推理之上。

面对未平仓部位，一定注意自己的反应。假如没有清晰的思路，可能会出场太早或者太迟。处理未平仓部位的关键在于出场时机。当然，你有时也会考虑加码，然而最关心的问题往往还是出场。对此，你应当保持开放的心态和客观的立场来对待未平仓部位。

伯纳德·奥佩蒂特说："理智上的诚实是关键所在。在思考上，每天都应当重新开始。你应当忘记部位的亏损和成本。每天都是崭新的一天。每天都是从头炒起。今天之前的盈亏都已经埋单了，你又回到起跑线。

账户中没有预期的赢利和亏损，每天早晨都是重新来过。"

奥佩蒂特指出，你应该对自己万分诚实，千万不要欺骗自己。无论仓位承担巨大的亏损或获得很大的利润，你都要诚实面对自己。欺骗自己也是大家在市场上发生亏损的主要原因。我很乐意看到情况正是这样，否则我们就无法稳定赢利。

对于优秀的交易员来说，如何控制心智的能力，其重要性大大超过如何运用大脑。情绪是最棘手的部分，即使一个部位可能让你一败涂地或赚取数百万，你都应当保持完全客观的立场。

应当以客观的心态处理未平仓部位，这则是伯纳德·奥佩蒂特强调的重点。

2. 如何面对损失

伯纳德·奥佩蒂特认为，面对账面损失，交易员必定会承受重大的压力与恐惧。承受压力与恐惧，这是很重要的经验，如此可以避免重蹈覆辙。恐惧是一种情绪，经常干扰判断；同样的道理，陶醉的心情也会影响判断。你必须保持绝对中性的立场。

当你面临损失时，不要排斥恐惧的经验。可是，你必须善用这类恐惧感，借以防止未来的损失，千万不要因为恐惧既有的损失而越陷越深。当你查阅新价格的时候，不应该担心损失的程度，或期待情况可能好转。

面对新的价格，你必须问自己一个问题，假设你还没有建立仓位，是否愿意在这个价格买进？如果答案是否定的，那就应该卖出。你必须非常客观地看待未平仓部位，如果你还没有建立仓位，现在是否愿意建立仓位？持有未平仓部位的过程中，新的资讯可能影响相关的预期。可是，你必须诚实面对自己，这是心态的问题。当仓位发生损失而出现新的消息，千万不可以跟自己讨价还价，欺骗自己情况已经发生变化，价格可能上涨。总之，跟自己打交道务必诚实，这是关键所在。

3. 如何处理获利

伯纳德·奥佩蒂特认为，如同期待的心理一样，还有另一种情绪障碍往往造成不能客观分析未平仓部位，交易员经常担心未实现的获利可能消失。

"迅速认赔而让获利部位继续发展"，这种说法虽然有点陈词滥调，但也是不变的真理。许多人都刚好背道而驰。大家都希望获利，内部的规定也经常鼓励这么做。很多人都把未实现的获利视为不存在。他们认为获利了结才代表真正的获利，在此之前都是假的，认赔出场则相当于承认错误。

同样地，交易员必须抛除这种"必须获利"的情结。反之，问题的症结在于：建立仓位的根据是否正确。为了保持客观的态度，我们考虑重点在于仓位的相关预期。

如果预期中的事件没有发生，我就出场。至于出场究竟是获利还是亏损，完全不重要。一旦发现自己判断的情节出现错误，立即出场。还有另一种类似而比较容易处理的情况，如果我预期发生的事情都已经发生，也应该获利了结。这两种情况都相对容易应付，但事态的发展介于两个极端之间，那就比较麻烦了。你必须以客观的心态处理未平仓部位，这意味着你必须专心留意某些症结而忽略另一些问题。

你必须留意的重点是：

（1）预期的情况是否已经发生？

（2）面对目前的价格，你想买进还是放空？

（3）建立仓位当初所预期的行情发展，目前的实现概率是否仍然相同？

你必须忽略的重点是：

（1）仓位目前已经承担多少损失？

（2）仓位目前已经累积多少获利？

（3）建立仓位的成本。

（4）期待行情可能朝有利的方向发展。

你如果没有在思想上排除这四点，而去思考相关持仓预期的话，你是没有做到客观分析。对于不去思考这四点，我个人认为的确需要很大的克制与长期努力锻炼方可做到，因为盈利与亏损，多少成本基本上在每个人判断自己的股票的时候是很自然地出现，大家关心的不外乎就是赢或亏，这如同人本性般的思想。

每次操作都是在与市场斗，也与自己斗，无论如何，你要迈向成功交易就必须做到保持绝对中性的立场，你就要战胜自我。要做到这些，从来都没有捷径！反复地、勇敢地承受压力与恐惧，每次面对贪婪时，多多提醒自己，这些都是学习控制情绪的经验，如此可以避免重蹈覆辙。

四、要有勇气认赔，承认自己的错误

伯纳德·奥佩蒂特认为，勇气是成功交易的一项要素。"必须有很大的勇气才能够承认自己错误。必须有很大的勇气才能够面对自己的亏损，不会怨天尤人。必须有很大的勇气才能自行担当错误的责任。"

面对亏损，交易员往往不能坦然接受。他们不相信这一切是因为自己的错误，总是希望将责任归咎于上帝或别人。在《雪山盟》一书当中，美国著名作家海明威回忆他如何失手而未打中猎物。他可以责怪向导惊动猎物，然而他没有这么做。相反，他认为"假如你还有一点本事的话，任何过失都是你本身的问题。"超级交易员必然对自己负责。此外，一位超级交易员也有安然扮演少数分子的勇气。

伯纳德·奥佩蒂特说："持有一种与绝大多数人不同的看法，这也需要勇气，不过，你的看法与大众不同，并不代表你一定能够盈利。不过，假如你可以脱离大众而坚持自己的看法，这是非常重要的特质。在某些情况之下，这代表胜负的关键，让你掌握绝好的时机。最好的交易时机一定很难获得普遍的认同。其他人可能认为你非常愚蠢，但是你应该对自己有信心，而且对自己说：'这就是我想做的，我相信自己的看法。'

当我达成一个十分难以让其他人认同的结论，完全违反传统的观点，这一过程代表非凡的历练。我知道自己的观点正确，果断地按照这种观点建立部位，然后我成功了。这种历练能够让你相信自己，让自己知道你能够看到别人所不能看到的事物。"

很多交易者缺少这方面的勇气。每当某些权威性的投资通讯提出不同的看法，他们的信心便开始动摇。看到报纸上的某篇报道，他们突然抛弃以前的所有研究结论。哲学家威廉·詹姆斯的一段话也许可以鼓舞一些勇气。他在《实用主义》一书中论述道："当一套新理论出现时，当初被批评为荒谬，然后渐渐地被接受，然而依然被当作明显而不重要的理论；最后，人们认识到它的重要性，甚至那些原来的反对者都宣称自己是这套理论的创始者。"

超级交易员应该相信自己的能力。他们花了很多的时间发展交易系统，研究交易的对象，一旦建立部位后，他们专注于自己建立部位的理由。假如他们听到谣言而提早结束部位，这等于没有进行任何的研究或者发展任何的系统。他们可以运用一套追随谣言的系统。

很多交易者在潜意识里便准备让媒体的评论来决定他们的部位，因为这可以把责任转嫁给其他人。任何亏损均是媒体的错，赢利当然是归功于自己的交易技巧。把别人的主意摆在自己的看法之前，这往往也是为了逃避责任。这通常是因为自信不足，特别是在连续亏损之后。为了解决这方面的问题，首先必须让自己独立担当所有的盈亏责任。你应当发展一套自己有信心的系统。只有经过测试，发现它的确有效，你才能对系统产生信心。假如系统的操纵绩效不理想，则应当设法改善或放弃。

接下来，奥佩蒂特又提出金融交易领域内所需要的另一种勇气，但利用的机会希望不要太多。

"必要的情况下，你需要有勇气投下巨大的赌注，因为这可能代表一种转折点，你知道这是一个不允许错过的机会。总的来说，一旦某种机会出现，你就应该投下巨大的赌注，这需要勇气。"

奥佩蒂特还认为：开放的胸襟代表一切。这是交易成功的第二个关键特质。他举了这么一个例子：

1987 年大崩盘后，我正在纽约从事选择权的交易。当时，我未准备建立单纯的方向性部位，而考虑履约价格之间的套利交易。例如，11 月与 12 月到期的选择权价格几乎完全一样。套利交易的机会很多，实在令人感到意外。任何不忙着补缴保证金还具有资金实力的人，几乎都完全专注于方向性部位，或者针对价格波动率操纵。在这个案例中，我没有跟随大众，这就是我所谓的开放胸襟与中性立场。当然，前述的套利机会现在已经不容易发生了，因为电脑的应用非常普遍。

这属于套利的机会，因为不同履约价格选择权的价格一样，然而根本资产不一样，选择权价格最后必须拉开。

奥佩蒂特指出，研究金融市场的发展史或者一般历史，可以培养开放的胸襟。观察各种事物，某些事物之间变得比较不相关，另一些事物变得更相关。

很少人会把历史研究列为交易成功的必要修养。然而，假如我们深入思考，还是能够体会其中的道理。奥佩蒂特举例说明很多超级交易员的不同操纵层次。市面上有一些历史相关书籍，此外，还有一些 19 世纪的企业经济发展史，这些大学参考书也许能引起你的兴趣，它们大多讨论当前重要产业的早期发展，例如化工产业。这些书中提供很多精彩的内容，说明某些产业、某些地区与某些国家何以兴盛与衰败的理由，解释变动的原因和变动的过程。

五、运用心理的而不是实际的止损

就像交易新手一样，伯纳德·奥佩蒂特进行一些"如果……就……"

的情节分析；换句话说，假如某种情况发生，他如何反应，假如另一种情况发生，又如何反应。这种计划涉及明智的止损。

伯纳德·奥佩蒂特说："建立一笔交易前，我会决定各种情况的反应对策。这常常涉及止损的设定，但我一律采用心理止损，绝对不会实际设定止损。我知道场内交易员最擅长的技巧就是触发客户的止损。我有时候也会设立目标价位，但一般不这么做。"

奥佩蒂特提到，场内交易员通常故意触发止损，获得轻松的利润。每个人都知道交易大众可能在哪些价位设立止损——整数价位，例如 10 美元。假设某只股票的报价为 11~13 美元；也就是说，买入价为 11 美元而卖出价格是 13 美元。这个报价代表造市者愿意在 11 美元买入，在 13 美元卖出；反之，一般交易大家愿意在 11 美元卖出，在 13 美元买入。这种情况下，通常交易大众极可能把止损卖单设定在 10 美元，造市者也非常容易估计这种止损价位。所以，造市者能够把价格压低到 10~13 美元，吃掉价位 10 美元的止损卖单，然后在 13 美元卖出。这也是为何奥佩蒂特不愿意实际设定止损的理由。

伯纳德·奥佩蒂特认为，在某些市场中，设定止损是很好的习惯，特别是流动性高的市场。当然，设立止损也可能因为行情反复而受害。最重要的原则是"不要欺骗自己"。保持开放的态度，随时能够改变主意，这方面的弹性非常重要。不要让获得的利润或亏损影响你的判断能力。此外，承认自己犯错的能力也非常重要。止损很有用，能够迫使你产生自律精神。

也就是说，假如没有实际设立止损，你望洋兴叹具有很大的自律精神，在必要的情况下果断止损出场。你应当诚实面对自己，进行客观的分析，评估自己是否应该出场。

参考文献

［1］庞浩. 跟巴菲特学习仓位管理［M］. 北京：中国经济出版社，2017.

［2］宁俊明. 资金布局：股票交易中的仓位控制［M］. 成都：四川人民出版社，2017.

［3］［美］阿瑟·L. 辛普森. 华尔街幽灵（典藏版）［M］. 张志浩，关磊译. 北京：中国社会科学出版社，2012.

［4］［意］德烈·昂格尔. 资金管理方法及其应用［M］. 许琛译. 北京：地震出版社，2015.

［5］［美］拉尔夫·温斯. 资金管理新论［M］. 太原：山西人民出版社，2018.

［6］［美］乔治·索罗斯. 金融炼金术［M］. 海口：海南出版社，2016.